BIBLIOTECA FEMMINISTA

Alessandra Bocchetti

Basta lacrime

Storia politica di una femminista
1995-2020

VandA.edizioni

Via Cenisio, 16 - 20154 Milano

facebook.com/vandaepublishing
twitter.com/VandAePublishin
www.vandaepublishing.com

ISBN: 978-88-6899-470-9

Grafica di copertina: Afra Bacci

Sommario

A mia nipote Anna Silipo Ferri,
per i suoi diciott'anni

AVVERTENZA

Chi scrive è nata donna e, a chiudere ogni possibilità di fuga, è diventata madre abbastanza giovane. Per due volte ha sentito crescere dentro di sé un altro essere umano e ne ha capito il privilegio. Poi ha incontrato la storia delle sue simili e se ne è innamorata, vanta di non aver deciso guerre, stermini, persecuzioni.

Ha cercato di cambiare il mondo a cominciare da ciò che la circondava senza aspettare tempi migliori e proprio in questo pensa consista la sua libertà.

Allontanare le donne dallo sfruttamento, dalla negazione, dal dolore e dai falsi amici, scoprirne la forza e la capacità di amare è stato l'impegno più grande della sua vita. Chiede perdono delle tante ripetizioni che le lettrici troveranno in questi scritti, restano per testimoniare la coscienza che bisogna essere instancabili per un compito tanto felice.

Non crede, come oggi si dice, che esistano tanti femminismi, pensa che il femminismo sia uno e che per gli altri sistemi di pensiero che riguardano le donne e la loro libertà, che hanno tutto il diritto di stare al mondo, bisognerebbe onestamente trovare altri nomi.

Roma, 31 marzo 2022

1995

Estate. È peggio di una guerra quella tra croati e serbi. Pulizia etnica, l'operazione si chiama "Tempesta". I quotidiani riportano notizie terribili, chi legge stringe i denti e si dispera.

Elogio della debolezza*

In uno dei tanti articoli sulla guerra nella ex Jugoslavia ho letto che là si continua a lavorare la terra, si miete il grano. Mi sono sorpresa, perché la guerra da lontano appare come una sospensione di tutto. Invece no, non è così. Chi resta in vita, chi non impazzisce, si trova nella necessità di continuare. È la vita stessa che obbliga a lavorare la terra. La guerra, invece, non è una necessità. Portare morte non lo è, perché prima o poi moriremo tutti.

Sulla prima pagina de *Il manifesto* è stata pubblicata una grande foto, soldati in posa, sorridenti. Il titolo era "La grande Croazia". Elisa, una compagna che guardava con me il giornale, ha detto: "Dio bono, sembrano i ragazzi della mia classe". Li ha subito riconosciuti, lei, per quello che erano. Da una parte e dall'altra, i più, infatti, sono ragazzi che fanno la guerra.

Come un contadino guarda i campi come non li può guardare il turista di passaggio, così una donna guarda gli uomini come gli uomini non possono guardare se stessi. Si conosce a fondo, infatti, solo ciò che si è creato. Se creare è un verbo troppo ambizioso, possiamo almeno dire che è il lavoro che ci fa conoscere veramente. Per le

---

* *Il manifesto*, 23 agosto 1995.

donne: lavoro di tutto il corpo, lavoro delle mani, della mente, del cuore per fare questi bei ragazzi, che la guerra disferà.

C'è chi dice che le donne non sono capaci di violenza. Non è vero. Non hanno la violenza necessaria alla guerra, quella no, non sanno odiare chi non conoscono bene. Ascoltando i racconti di guerra delle donne che l'hanno veramente fatta, si sente come un pudore delle loro parole, uno smarrimento. Non so le giovani *marines* americane, ma le donne della Resistenza, di cui ho ascoltato i racconti, manifestano una certa vergogna. Bisogna sollecitarle per farsi raccontare. Le donne, così come sono capaci di amore profondo, sono anche capaci di odio profondo. Esiste la violenza del sangue, ma anche quella terribile, di chi tace sedendosi alla stessa tavola per trent'anni. Non credo che la violenza si estirperà mai dall'animo umano.

Agli uomini piace la guerra, è inutile dire di no, si strappano dalle case, dagli affetti, per poi tornare a desiderare questo come il bene più prezioso. E così, non c'è molto altro da dire, la guerra è il modo estremo per rischiare la vita, il gioco più perverso. Una cosa che differenzia i bambini dalle bambine è proprio l'amore del rischio, che è insieme amore per la vita e terrore della morte, non sprezzo della morte, come si dice. Lo sprezzo della morte non esiste. Chi ha avuto figli maschi lo sa, bisogna proteggerli da se stessi. Rischiare la vita, per gli uomini è l'illusione di farsi immortali. La loro inimicizia di sempre verso le donne ha per causa segreta quello che le donne testimoniano per tutti, che chi ha avuto la vita morirà. Per colpa sua, della donna, tutti moriremo, recita l'Ecclesiaste.

Le donne hanno perso tutte le guerre della storia, anche quando i loro uomini le vincevano. A coltivare i campi là, nella ex Jugoslavia, stanno i perdenti di tutte le guerre: le donne, i vecchi e i bambini, che siano serbi o bosniaci non ha importanza. È la cultura della vita che sta perdendo.

Ma che cos'è la cultura della vita? Fino a ora non ha avuto un gran successo. Ieri *la Repubblica* titolava la sua prima pagina "Guerra nei Balcani". Il terribile Novecento non è ancora finito.

Se non si arriva al pensiero di essere simili, di essere tutti simili, la guerra non finirà. Le guerre non finiranno. Bisogna fare leva su qualcosa di comune per averne ragione. Ma come si fa a trovare qualcosa di comune in una guerra civile, la più terribile delle guerre, dove viene negata proprio questa comunanza, dove terra, aria, acqua, sangue, tutto si vorrebbe dividere? A questa domanda una donna potrebbe rispondere che ciò che rende simili è la debolezza. Una donna risponde non perché sia dotata di un'intelligenza speciale, ma perché conosce gli esseri umani da quel verso lì, sa la debolezza di tutti, la propria e quella degli altri, e sa che è proprio questa a rendere umani gli umani. Se la forza ci rende diversi, è la debolezza che ci rende simili.

La debolezza può essere una risorsa e un'opportunità. È una virtù. Dalla debolezza si potrebbe raccontare la storia in un altro modo e si potrebbero aprire nuove prospettive. Nella debolezza c'è una ricchezza che, volendo, potrebbe governare il mondo, renderlo diverso. È a questo, credo, che si riferisca il Papa nei suoi reiterati elogi alle donne, alla loro genialità per la vita. Ma che delusione per la sua posizione interventista! Perché chiedere perdono alle donne e poi non essere capace di mettersi in ascolto del senso che proviene dalla loro storia? La storia delle donne dice che non si può fare guerra alla guerra ma che bisogna eliminare l'errore, piuttosto che eliminare coloro che sbagliano. Il Papa non osa il nuovo.

Occuparsi degli esseri umani nella vita quotidiana, farli nascere e farli morire, non permette grandi verità, ma solo cose vere e di questo bisogna innamorarsi. Bisogna innamorarsi dell'essere donna e del senso che questo porta al mondo. Il Papa non lo è, non lo è ancora e, alla fine, le sue parole non sono, ahimè, che complimenti, come tanti che nel corso dei secoli le donne hanno ricevuto. E le donne dicono grazie, come hanno fatto sempre. Ma le cose restano come sono.

Quando sarà che il senso della storia delle donne, che è un umanesimo più radicale di tutti gli umanesimi, riuscirà a parlare al cuore degli uomini? E anche a quello di tante donne, per la verità, che pensano di essere migliori delle altre? Quando la debolezza vincerà finalmente la guerra? Non ha vinto la guerra il bambinetto ebreo che entra nella camera a gas stringendo il suo fucile di latta, non ci illudiamo, per questo la guerra uccide ancora tanti bambini.

Come fare perché i deboli vincano? Pensare, capire. Lasciamo, allora i luoghi comuni, i pregiudizi: a fare la guerra non sono i barbari, sono i ragazzi, gli uomini, i padri di famiglia. E la guerra non è un caos, è un ordine invece, un terribile ordine, da cui è esclusa per prima l'opera delle donne. Opera imperfetta, certo: riusciamo, evidentemente, a insegnare l'amore per la vita, ma non l'accettazione della morte. Mai la morte è stata più estranea alla cultura che ci dà senso e mai è stata più presente. In questo secolo ci si è ammazzati come mosche.

Per avere ragione della guerra bisogna capirla, non demonizzarla. Per demonizzare la guerra i media usano foto di donne che si disperano. È sotto quelle foto che andrebbero i titoli: la grande Bosnia, la grande Serbia, la grande Croazia. Perché solo presso chi piange sopravvive quel senso della vita che permetterà la pace. Come è sempre stato.

E noi? C'è un gran chiedersi che fare. Potremmo fare un esercizio: compilare un elenco dei crimini di guerra per imparare a non averne orrore, così da poter capire la miseria di chi li ha subiti e la miseria di chi li ha commessi. Per non dimenticare luoghi e nomi. Potremmo scrivere così di quella donna di novant'anni che è stata crocifissa sulla porta della sua casa, o di quell'altra donna a cui hanno chiesto di bere il sangue di suo figlio sgozzato sotto i suoi occhi e lei che per risposta ha ucciso l'altro figlio più piccolo che era con lei e poi si è uccisa per estrema cura della dignità umana. Oppure potremmo andare a vendemmiare là con i perdenti di tutte le guerre, in quell'inferno, se ci fosse bisogno d'aiuto. Non manca molto alla vendemmia. E qualcuno dovrà pur farla.

1996

Si profila all'orizzonte un possibile governo di sinistra. Ma, per la riuscita del progetto, esiste una pietra d'inciampo: la legge 194, la legge sull'aborto che le donne hanno conquistato costruendo un grande schieramento nel 1978. Se non l'annullamento almeno il ridimensionamento della legge potrebbe essere la ghiotta merce di scambio, acquieterebbe la Democrazia Cristiana, i cattolici, il Vaticano. Le trattative segrete sono intense tra le parti politiche. Ai primi segnali parte una mobilitazione delle donne. Il primo a dare l'allarme è il Centro Culturale Virginia Woolf che, con il documento La prima parola e l'ultima, *vuole ricostruire quel grande schieramento che portò a casa quella legge. Il documento è subito sottoscritto, dalla Casa delle donne di Roma, dalla rivista* Noi Donne, *dall'UDI e da un gran numero di collettivi e gruppi di donne di tutt'Italia. Sottoscrivono il documento anche le donne socialiste, le radicali e per ultime le donne del Partito Democratico. Viene indetta una manifestazione nazionale per il 3 giugno, data significativa perché a pochi giorni dalle elezioni. La mobilitazione cresce di giorno in giorno, i media nazionali la registrano. Le donne sfidano a viso aperto la politica nazionale che, nelle segrete stanze, abbandona ogni proposito sulla legge 194. Il giorno della manifestazione Prodi, candidato premier, piuttosto spaventato, scrive un fondo sull'Unità, promettendo alle donne ministeri e posti che nessuna aveva chiesto. Ironia, chi cerca un posto in quel momento, è proprio lui. La manifestazione è un successo politico, viene trasmessa in diretta da Rai 1. Mai il movimento femminista era entrato così a gamba tesa nelle dinamiche elettorali della politica nazionale. Prodi viene eletto, dà tre Ministeri a tre donne: il Ministero della Sanità a Rosy Bindi, il Ministero per la solidarietà sociale a Livia Turco e istituisce il Ministero per le Pari Opportunità che dà ad Anna Finocchiaro.*

Con il Ministero per le Pari Opportunità nasce il "femminismo di Stato". Si oppone alla creatività del movimento femminista una proposta addomesticata. Una trappola. L'orizzonte è quello basso della "parità" con l'uomo. Le nozze di Cana alla rovescia: il vino si trasforma in acqua.

Lettera aperta alla Ministra Anna Finocchiaro*

Cara Ministra Finocchiaro,

mi dispiace non essere stata presente al suo incontro con le collaboratrici del giornale *Noi Donne*, impegni di lavoro non me lo hanno permesso, avevo da dirle delle cose. Però le scrivo e fa lo stesso.

Al tempo delle nomine di governo, speravo – non ci credevo ma ci speravo – che lei diventasse ministro della Giustizia, perché l'ho conosciuta attraverso la sua passione per la giustizia e il diritto. Lei non nasce dalla politica. Nella politica è coinvolta, ma non è il suo "mestiere". Ai miei occhi questa è una garanzia. Invece le è toccato il Ministero per le Pari Opportunità. Non so per quale logica, per quale disegno, ma è andata così. È toccato a lei questo posto inventato, questo ministero senza soldi e senza cose da fare. Senza cose da fare perché tutto quello che si potrebbe fare, compete in realtà agli altri ministeri: giustizia, lavoro, salute, istruzione, bilancio... Perché di fatto gli altri ministeri riguardano, o dovrebbero riguardare, anche le donne dal momento che le donne sono cittadine come gli uomini sono cittadini, dal momento che le donne pagano le tasse come gli uomini. La verità è che si vuol far credere che solo il suo ministero riguardi

* *Il manifesto*, 30 gennaio 1997.

le donne. E così si produce un paradosso: proprio il ministero che dovrebbe guardare alla parità tra uomini e donne con la sua stessa esistenza testimonia il contrario. Le dico questo per spiegarle l'origine del suo imbarazzo e la mia sensazione che ogni cosa che esca del suo ministero sia fuori posto.

Però sono contenta che proprio lei si trovi lì. Non me ne voglia. Sono contenta perché lei è una donna di giustizia. Non solo conosce le leggi, ma ha un'attenzione speciale all'esperienza umana. Attraverso questa speciale attenzione le sarà facile capire, giorno per giorno, la trappola della politica per le donne, che piace tanto ai partiti, a tutti i partiti. In questo periodo del suo mandato avrà già avuto modo di vedere questo "mondo a parte" delle donne, dove tutti sono contenti che le donne stiano. Questo mondo a parte, che produce una politica a parte, e che adesso ha anche il suo ministero per essere perfetto. Questo mondo un po' parassita, che chiede soldi per piccoli eventi, che produce libri che in pochi leggeranno… Certo, eccezioni ci sono, ma poche. Non me ne vogliano le donne che lavorano con passione a questo. A questi eventi ho partecipato anch'io tante volte. L'insignificanza non dipende da voi, da me, dai nostri sforzi di fare bene le cose, ma dalla posizione in cui ci mettiamo, o meglio, la posizione in cui ci mette il fare queste cose, che è angusta.

Signora Ministra, lei avrà capito che il posto che occupa nasce proprio da questa politica, e avrà anche capito che si tratta di una falsa politica perché non porta a un vero cambiamento. È una politica che alla fine insegna alla donna a stare da parte, che ha la pretesa di trovare la misura femminile nelle donne più sfortunate e infelici.

Ci sono tanti uomini sfortunati e infelici, eppure la misura dell'essere uomo non viene presa da loro, ma da una esperienza piena. È una politica, insomma, quella delle pari opportunità, che toglie l'anima e il coraggio.

Questa politica la sta mangiando, perché anche lei si trova in un ministero costretto a fare il parassita, che cerca soldi, pochi, che finiranno per alimentare quella catena per far esistere il *piccolo mondo*. Sono contenta che stia lì perché questo piccolo mondo lei certamente non lo vuole né per sé né per le sue simili. Lei è una donna ambiziosa, questo mi rassicura. Vede, non ho perso la speranza che lei diventi Ministra della Giustizia, ma per questo deve fare bene la Ministra per le Pari Opportunità. La sorprende che le dica questo? Non è un paradosso. La forza delle donne non è poca, non la sottovaluti. Vede come cercano di neutralizzare questa forza? Hanno le loro buone ragioni. Perché è una forza grande che le donne sono capaci di dare a chi si fa riconoscere da loro, ed è un po' ingovernabile, perché non segue la logica di ciò che è politicamente opportuno.

Per farsi riconoscere e per fare bene la Ministra per le Pari Opportunità, lei ha solo due strade possibili. La prima, quella di dimettersi raccontando a tutti il paradosso di questo ministero che il Governo ha voluto, ma che si guarda bene dal sostenere. Una forte denuncia sarebbe necessaria non solo per amore della verità, ma anche per impedire la possibile impressione di debolezza che sempre un abbandono rischia di dare. Sarebbe un gesto di forza, invece. Se non vuole fare questo passo per tanti motivi possibili, personali e politici, di carattere o di impegni presi, non le resta che tentare di uscire dalla trappola. In questi ultimi tempi incontro spesso il suo nome, in quelle iniziative femminili di cui ho parlato. Penso che debba andare anche in altri luoghi. Le donne capiranno se ai loro inviti risponderà con qualche rifiuto, se, però sarà capace di rendersi visibile là dove oggi il discorso politico si fa. Non si lasci mettere margini. C'è da capire una cosa con chiarezza, che le donne non sono un contenuto. Non vogliamo sentire parlare delle donne, vogliamo vedere donne parlare, ma soprattutto vogliamo vedere donne che sanno farsi ascoltare. E lei questo lo potrebbe fare benissimo. Se il suo ministero è un "non luogo" vuol dire anche che lei può andare ovunque. Prenda la parola, là dove ha un interesse, laddove si decide sulla giustizia, sulla scuola, sul Mezzogiorno, sulla finanziaria, sull'ambiente, sulla salute. Una parola non critica, non correttiva, non rivendicativa ma propositiva. Non si limiti ai commenti. Per me, non è una gran cosa che le donne facciano il servizio militare. Ma comunque, se c'è il desiderio anche di poche è giusto che sia possibile. E va bene così. Ma lei si accerti dove vanno a finire queste ragazze, come saranno organizzate le caserme, si faccia spiegare bene, pretenda degli impegni. Con quest'occasione, faccia migliorare le condizioni del servizio militare per tutti, ragazzi e ragazze. Organizzi con più intelligenza il servizio civile, che un giovane o una giovane possano veramente sentirsi utili, sentirsi parte di un insieme che ha bisogno di loro. Le sembrano piccole cose? Ma proprio nelle piccole cose c'è una condensa di politica.

E poi la Bicamerale. Questa non è una piccola cosa. Mi dicono che nella Commissione Bicamerale ci sarà una sola donna, forse due. Non le sembra stonato che in un organismo che decide le regole democratiche che governeranno uomini e donne, le donne saranno pressoché assenti? E questo non lo dico perché rivendico giustizia per le donne, perché non è la giustizia dei numeri quella che mi sta a cuore, ma per realismo, per quel necessario realismo su cui dovrebbero radicarsi le buone regole. Oggi non è più tempo in cui gli uomini possono decidere anche per le donne. Non lo dico per le donne, lo dico per il bene di tutti noi. E non le sembra che si rischi di mettere le mani sulla Costituzione in modo troppo tecnico? Per ripensare le regole della vita comune è necessario sapere ascoltare l'esperienza in tutti i suoi aspetti. Chi garantisce questo sapere? Perché non si adopera a organizzare alla Bicamerale momenti consultivi con cittadini e cittadine? Sarebbe un'azione eccellente.

Suggerendole queste cose, ma ce ne sarebbero altre in realtà, le suggerisco un'idea che è questa: la presenza di donne libere, che esercitano giudizio a partire dalla loro esperienza, è oggi una grande opportunità di verità e di civiltà per tutti, non un'opportunità *pari* ma un'opportunità unica. Non la perda.

1997-2000

La Commissione nazionale per le Pari Opportunità istituita da Bettino Craxi aveva sede a Palazzo Chigi, nel palazzo del governo, verso cui aveva funzioni consultive, anche se nessuno la consultava mai. Era formata da donne che rappresentavano le associazioni femminili più importanti e storiche del Paese, tutti i partiti dell'arco costituzionale e i sindacati.

"Mi piacerebbe che tu facessi parte della Commissione nazionale per le Pari Opportunità, forse succederebbe qualcosa". Questo è l'invito che mi fa la Ministra Anna Finocchiaro. Accetto. La sento come una sfida: dare un senso nuovo a una politica che, per me, è nata già vecchia e inefficace. Ma credo troppo nelle mie possibilità, sono molto ingenua, io che non avevo mai messo piede nei Palazzi. Tra tante rappresentanti io non rappresento nessuno, sono "la femminista", rappresentavo solo me stessa e la mia storia. Vengo designata come responsabile del gruppo "Cultura". Il mio primo discorso in plenaria consiste in un invito per tutte a rendere quel luogo di donne più significante, più presente nella vita politica del Paese. Dovevamo riuscire ad attuare per davvero la funzione consultiva a cui eravamo ufficialmente chiamate, uscire dalla farsa del puro presenzialismo. Dovevamo, insomma, fare acquistare alla Commissione prestigio politico. Raccolgo intorno a me sguardi increduli di donne, per loro evidentemente era il luogo che dava prestigio e non loro che dovevano dare prestigio a quel luogo. Si an-

nuncia un'esperienza durissima (e così fu). Dei tre anni di incarico, mi porto nel cuore tre miei progetti e una certezza.

Il primo: l'incontro di Todi. Vogliamo incontrare donne importanti, con carriere importanti, politiche, imprenditrici, amministratrici dello Stato, industriali, professioniste, e sottoporre loro il grave problema dell'assenza delle donne nei luoghi di potere e nel nostro Parlamento, farne un problema di tutte, un problema che affetta la democrazia stessa del Paese. Due giorni insieme a porte chiuse, solo donne, dal venerdì sera alla domenica, fuori dalle sedi deputate. Giornalisti e fotografi non sono ammessi, fatto che subito aumenta attenzione e interesse dei media. La Ministra dell'Interno, Rosa Jervolino, arriva il sabato mattina in elicottero. Due giorni di confronto appassionato, affettuoso, molte lo portano ancora nella loro memoria.

Il secondo progetto: l'8 marzo del nuovo secolo. Nelle più importanti università italiane, da Nord a Sud, una donna che è riuscita nella sua vita a raggiungere importanti obbiettivi racconta la sua storia a ragazze e ragazze. Non vogliamo temi bui, cerchiamo storie luminose. A Trieste sarà Margherita Hack, a Milano Inge Feltrinelli, a Roma Rita Levi Montalcini, a Napoli Luciana Viviani, a l'Aquila Elena Marinucci, a Potenza Lina Wertmuller, a Palermo Simona Mafai e tante altre... Un piccolo libro, che racconta le tappe più importanti per la libertà delle donne nel secolo appena concluso, viene distribuito a tutte le partecipanti. Vogliamo rendere le ragazze orgogliose della loro storia e suscitare in loro quel sentimento sempre fecondo che è la gratitudine verso le donne che le hanno precedute.

Il terzo progetto: le donne del Novecento. Vogliamo celebrare cento donne italiane che hanno segnato il secolo passato con la loro presenza, che hanno fatto grande il Paese.

Maria Montessori, Elsa Morante... Si pensa a un'esposizione dei loro ritratti. Metto in chiaro subito che non cerchiamo una sede istituzionale per l'evento, né un museo. Per queste donne vogliamo creare una loro presenza viva tra i vivi. Saranno i più bei negozi del centro storico di Roma a ospitare nelle loro prestigiose vetrine i loro grandi ritratti. Così la città stessa si farà testimone. Il progetto viene approvato. I fondi vengono stanziati. Ci mettiamo al lavoro. Arrivano subito adesioni entusiastiche: Bulgari, Fendi, Armani, Feltrinelli, Valentino, Ferragamo, Gucci... Chiediamo all'architetto Massimiliano Fuksass di creare un segno forte per ricordare queste donne. Fuksass mette a disposizione gratuitamente il suo studio e progetta una grande onda in piazza del Popolo formata dai cento ritratti di queste donne, qui tutte insieme. A un mese dall'evento vengo chiamata dalla presidente, Silvia Costa, che mi comunica che i fondi per il progetto non ci sono più, la somma stanziata è servita per altro. Non una parola di più, nessuna giustificazione. L'esposizione è annullata. Ogni fine mandato, come gesto conclusivo, la Commissione in plenaria è chiamata a votare il bilancio dei suoi tre anni. Credo che per la prima e unica volta nella storia della Commissione, al bilancio finale c'è un voto negativo, il mio.

La certezza che mi porto a casa, la morale della storia, è questa: il cosiddetto femminismo di Stato è disposto a celebrare le donne vittime, ma non le donne forti, è disposto ad asciugare lacrime ma non a raccontare la forza delle donne né la loro felicità che risulta sempre fuori luogo, che è veramente troppo. Il femminismo, quello vero, non ha posto nei Palazzi del potere, là le donne non devono dare fastidio, né mettersi troppo in mostra. Il vero scopo segreto dei progetti dei Palazzi è renderli inefficaci. Questo è il gioco.

Per una cultura dello stare insieme di uomini e di donne nei luoghi del governo dei beni comuni*

In questi tempi, che sono stati così difficili con una crisi di governo, la formazione di un altro e tutto quello che questo comporta, ci siamo domandate se fosse opportuno mantenere questo nostro incontro, se ragionare delle donne, della loro cittadinanza, del loro rapporto con il governare questo Paese potesse sembrare fuori posto. Abbiamo deciso di mantenere l'appuntamento, perché, anzi a ben pensare, una riflessione comune su questi temi c'è sembrata più che mai urgente.

Permettetemi una piccola riflessione sulla natura di questo dubbio. Cosa fa sentire inopportuno porsi un problema oggettivamente grave come quello della scarsissima presenza di donne nei luoghi dove si fanno le scelte di vita di un Paese dove le donne abitano, lavorano, vivono con i loro cari? Perché insomma così facilmente ci pensiamo al lato, ci facciamo da parte?

Questo mettersi da parte è spesso interpretato come una sorta di generosità femminile. Spesso, addirittura,

* Todi, 7-8 novembre 1998. Commissione Nazionale Pari Opportunità, due giorni di riflessione "Per una cultura dello stare insieme", intervento di apertura.

viene portato ad esempio di misura e di realismo, invece è un segno, quello più vistoso, di una cittadinanza imperfetta. Imperfetta, per prima cosa, nella coscienza stessa delle donne.

Voglio subito farvi capire da dove parlo.

Non credo all'innocenza femminile nella storia. Penso che le donne occupino una posizione tanto centrale, in ogni società, che niente di quello che potuto accadere nella storia sia potuto accadere senza il loro consenso. Perfino il dominio degli uomini su di loro. Nel bene nel male di ciò che è successo, che ci piaccia o no, noi c'eravamo sempre. Il nostro consenso è stato tacito, in alcuni casi estorto, ma è stato sempre *necessario*.

Penso che questo sia un pensiero libero.

Non c'è libertà, infatti, senza assunzione di responsabilità e senza storia. Non condivido e non mi piace l'immagine di "nuove nate" che spesso sento attribuire alle donne.

Non credo neanche a tutti i buoni sentimenti che si dice ci appartengano, veniamo da una storia tanto dura e tanto ingenerosa che non riesco a capire dove e come avremmo accumulato tanti tesori. Non penso che le donne, per le loro qualità intrinseche, peraltro non ben specificate, salveranno il mondo, come ogni tanto sento dire.

Dobbiamo stare attente a farci attribuire tante qualità perché in realtà ogni qualità è un fardello da portare. È un po' una trappola. Proviamo invece ad alleggerirci.

Le donne sono esseri umani con difetti e pregi, grandissimi difetti e grandissimi pregi. La verità è che dobbiamo porci il problema di far governare questo Paese anche dalle donne perché, semplicemente, in questo Paese le donne vivono, studiano, lavorano, votano e pagano le tasse. Ci sono, insomma, non per altro.

Non si deve dare alle donne il peso tremendo di essere migliori e di fare meglio degli altri. Dobbiamo, invece lavorare per creare le condizioni in cui possiamo fare del nostro meglio, dandoci la possibilità di sbagliare senza per questo perdere la legittimazione a essere dove ci troviamo.

E bisogna rendersi conto anche, una volta per tutte, che per governare non si deve essere né angeli, né geni, come peraltro abbiamo largamente avuto modo di vedere, ma solo persone con i piedi ben piantati per terra.

La "tutela maschile", e la parola tutela la metto tra virgolette, non c'è più. Oggi le donne amministrano i loro denari, possono esercitare ogni professione, scelgono il luogo dove abitare. Sono, insomma, degli esseri liberi, anche se per questa libertà c'è ancora tanto da fare. Questa libertà esiste, è scritta. E un Paese di uomini liberi e di donne libere non può essere governato da soli uomini. Non perché sarebbe ingiusto, non ne faccio un problema di giustizia astratta, ma ancora una volta, per un dato molto concreto: gli uomini liberi non sanno fare gli interessi delle donne libere. Magari sapessero farli, ci alleggerirebbero di un bel peso, ma purtroppo non è così.

Tanti fatti lo dimostrano. Un fatto, forse il più macroscopico, è che la società, come gli uomini la stanno organizzando, non permette più alle donne di fare figli. Mi viene un gran ridere quando sento tutte quelle analisi sociologiche sulla libertà delle donne, libertà che le avrebbe fatte diventare egoiste, edoniste e troppo indipendenti. Non è così, nella stragrande maggioranza, le donne hanno sempre amato avere dei figli. La verità è che oggi se una donna non ha una rete di altre donne che possono aiutarla, che siano tate, zie, amiche, non può fare un figlio e se lo fa è una pazza.

Si fa un gran parlare di famiglie, ma oggi a reggere le famiglie ci sono queste reti di donne, c'è sempre un gran lavoro femminile, non solo pratico, ma di continue mediazioni.

Detto questo, non vorrei avervi fatto pensare a una divisione di compiti, a una complementarità, che le donne insomma si devono occupare delle cose che le riguardano in particolare come la maternità, i bambini, i servizi sociali eccetera. Non lo penso affatto.

Qualcuna, a proposito del titolo del nostro incontro, mi chiedeva che cosa sono i beni comuni. I beni comuni sono tutto, sono le strade, i trasporti, i servizi, il patrimonio artistico, gli ospedali, le scuole, il sistema idrico, l'aria, le regole della convivenza, le leggi. E ancora tante altre cose, ma tutte molto concrete. Su tutto questo uomini e donne devono governare insieme, perché oggi è patrimonio comune.

Non credo alla complementarità tra uomini e donne, è vera solo per fare un bambino, almeno ancora oggi è così. Credo, invece, alla loro reciproca *dipendenza*, dipendenza che è condizione comune dell'esperienza umana, e alla necessità di un'amicizia tra loro. A questa amicizia si deve lavorare molto, perché non è così facile e non è spontanea.

Non vorrei aver dato l'idea che una buona società sia semplicemente un insieme di pezzi che si incastrano bene tra loro, dove ciascuno fa i suoi interessi cercando al meglio di non ledere gli interessi degli altri. Non penso alla società come a un insieme meccanico. Una buona società è piuttosto come un puzzle dove ogni pezzo ha un suo preciso posto dell'incastro con altri pezzi, ma che tutti sono insieme per fare un disegno, un disegno molto più grande, dal quale tutti ricevono senso e senza il quale nessuno ne avrebbe, un disegno che nel caso della vita cambia in continuazione.

Penso che tra le tante cause della profonda instabilità del governo del nostro Paese, una tra le più importanti sia la grande divaricazione tra politica e società civile che in questi anni si è andata realizzando. Le donne sono delle eccellenti mediatrici di queste due realtà e la loro pressoché assenza dai luoghi delle decisioni importanti determina uno squilibrio. Il mondo della politica si fa sempre più autoreferenziale, la politica si fa sempre più virtuale e sempre meno radicata nella realtà.

Non serve solo alle donne che le donne siano al governo, serve a tutti, serve per una società più equilibrata e più stabile, per una politica e una vita migliore. Ogni conquista delle donne non riguarda solo loro, ma tutta la società. Il voto alle donne, per esempio, non è stato solo una conquista delle donne, ma una conquista dell'intera società, della democrazia di questo Paese. Il malessere, il non rispetto, la miseria simbolica e quella materiale, le difficoltà concrete di vita di più di metà della popolazione immiserisce tutti ed è una minaccia per la democrazia stessa.

Ora può sembrare paradossale, ma i soggetti che più devono convincersi di questo sono proprio le donne, siamo noi. Gli uomini sanno la forza presente e quella potenziale delle donne, se ne difendono, se ne proteggono, le donne no, non la sanno, non la sospettano nemmeno.

Perché questo succede? Perché questo succede ancora dopo che una condizione libera è stata raggiunta? Dopo che nel nostro Paese ci sono state lotte di donne che questa condizione libera hanno conquistato? Non dobbiamo dimenticare che ogni cosa che le donne hanno guadagnato è stata guadagnata da loro. Niente è stato concesso alle donne, è stato tutto guadagnato dalle loro lotte, dalle loro pazienti mediazioni, dalla capacità di convincere e trovare alleati.

In questa sala ci sono tre generazioni di donne. Copriamo quasi tutto l'arco del Novecento, il Novecento, un secolo sanguinario, ma anche il secolo del nostro grande cambiamento, della nostra rivoluzione senza morti. All'inizio di questo secolo metà delle donne era analfabeta. Mandare a scuola le ragazze, anche quando le condizioni economiche lo permettevano, non era giudicata una cosa buona. Per un lungo periodo si è teorizzata l'inferiorità mentale delle donne. Le porte delle università erano chiuse, e quando si sono aperte le poche donne che le varcavano erano oggetto di scherno, di scherzi atroci, di continue mancanze di rispetto e, soprattutto, di nessuna aspettativa. Teresa Labriola che vinse la cattedra di filosofia del diritto, il giorno della sua lezione magistrale fu costretta ad abbandonare l'aula tra schiamazzi e oscenità.

Ma avviciniamoci ai nostri giorni. Solo nel 1956 è stato abolito lo *jus corrigendi*, che autorizzava il marito a *correggere* la moglie anche ricorrendo alla forza. Solo nel 1963 abbiamo potuto esercitare la magistratura, ne eravamo tenute lontane per motivi che fanno vergogna alla ragione. Solo nel 1973 ai mariti non è stato più permesso leggere la posta delle mogli, anche se i bravi uomini non l'avevano mai fatto, la legge glielo permetteva. Solo nel 1975 viene raggiunta la parità genitoriale, tramonta la figura del *pater familias*. Una moglie non è più obbligata a seguire il marito nel suo domicilio. Sempre con il nuovo diritto di famiglia si rendeva possibile a una donna riconoscere il suo bambino nato fuori del matrimonio, prima del 1975 non poteva farlo e il bambino veniva iscritto nei registri civili come "figlio di madre ignota". Solo nel 1977 è arrivata la legge sulla parità di trattamento sul lavoro tra uomini e donne, legge che, ricordiamo, passò grazie al fronte comune che fecero le democristiane e le comuniste.

Potrei continuare a lungo perché di strada ne abbiamo fatta tanta. Voglio ricordare questi passaggi perché noi donne tendiamo ad avere la memoria corta su queste cose e a dare tutto per scontato per un gesto di falsa signorilità. La verità è che trovarsi a lottare per la propria dignità lascia sempre nell'anima qualcosa di amaro che si vuole nascondere.

Tra di noi ci sono alcune protagoniste di molte di queste battaglie. Le voglio nominare: Tina Anselmi, Giglia Tedesco, e c'è anche chi le ha rese possibili lavorando a una carta costituzionale che contenesse le aperture necessarie, una donna che ha partecipato alla Costituente, una madre per tutte noi, Nadia Spano. A scrivere la Costituzione erano solo 21 donne con 489 uomini, hanno lavorato in modo eccellente, non dimenticando mai di essere donne, non dimenticando mai le altre donne. Spesso facendo fronte comune, nonostante le diverse appartenenze politiche. Abbiamo tutte e tutti un grande debito verso di loro, hanno reso possibile questo percorso rendendo più civile questo Paese.

Ho sentito dire da molti che la libertà delle donne era nelle cose, era nel progresso dei tempi, sarebbe venuta da sé. Ma non è così, senza l'impegno delle donne, senza la loro paziente tessitura, niente di tutto questo sarebbe stato guadagnato. La storia non si fa da sé e la libertà non viene mai regalata. E questo è vero per tutti, uomini e donne.

Protagonista di queste conquiste ma non sullo stesso fronte, nel nostro Paese c'è stato anche un forte e visibile movimento femminista. Il Movimento Femminista italiano è stato profondamente antistituzionale. È stato un movimento di coscienza straordinario che ha prodotto una cultura politica di grandissima qualità e importanza. Al contrario dei movimenti di lotta che fino a quel momento le donne avevano portato avanti, non ha raccontato della debolezza delle donne ma della loro forza, non ha elencato ciò che mancava alle donne, ma ciò che le donne avevano, non ha parlato di ciò che le donne dovevano prendere ma di ciò che le donne dovevano dare, non ha guardato solo ai bisogni delle donne ma ai loro desideri, ha mostrato come una ricchezza e non come una dannazione la genealogia femminile e ha guardato alla madre come fonte di nutrimento simbolico, nutrimento simbolico fatto di aspettative, di fiducia, di credito a fronte di un mondo che invece aveva accolto male le donne, con niente di favorevole per loro. Questo è stato il tassello mancante per quel profondo sì all'essere donna che è sempre necessario per essere veramente libere.

Viene spesso mandata in giro un'immagine caricaturale del femminismo, un femminismo di donne rabbiose contro gli uomini, ma vi assicuro che il femminismo italiano di uomini se n'è occupato molto poco, quasi per niente.

Dunque, in Italia, ci sono state queste due importanti presenze di donne, una all'interno delle istituzioni e una fuori le istituzioni e pur avendo poco scambio tra loro, anzi molto spesso inimicizia, queste due presenze hanno composto un circolo virtuoso e le conquiste così importanti che vi ho appena detto a partire degli anni Settanta si devono a entrambe.

In questo quadro non bisogna dimenticare il grande lavoro di libertà e coscienza che l'associazionismo femminile cattolico ha svolto durante tutto l'arco di questo secolo.

Dopo tutto questo che abbiamo ricordato, resta la nostra domanda. Perché una donna si fa così facilmente da parte? Perché ha ancora la sgradevole sensazione di essere ospite in un Paese che invece appartiene anche a lei? Perché non lo governa? Perché oggi in un Paese che ha avuto questa storia, le donne in Parlamento sono meno che nel primo Parlamento della Repubblica? perché le donne che sono nei partiti politici si trovano in una debolezza estrema? Ma non solo in politica, anche dove le donne sono numerose, nell'industria, nelle aziende, nelle amministrazioni, nella magistratura, perché non riescono ad arrivare ai massimi livelli? Perché succede questo? Cosa le frena, cosa le blocca?

Sono già state date varie risposte, tutte vere, ma nessuna è riuscita ad arrivare al cuore del problema. È vero che gli uomini non lasciano spazio, non vogliono darlo, e che la politica è stata da sempre il loro mondo e che fanno una fortissima resistenza alle donne, e che se non la fanno loro la lasciano fare alle forme, ai rituali, ai tempi spesso impossibili, tutti a misura di maschio adulto. È vero che se il controllo patriarcale sul corpo delle donne si è allentato, si è allentato anche sul corpo degli uomini. Oggi ci troviamo a vivere in una sorta di patriarcato dei fratelli, dove spesso i fratelli sono di una competitività senza regole, né misure, risentiti della presenza delle donne, vendicativi e di una insolenza scoperta.

È vero anche che le donne non amano la qualità di vita che offre la politica, e se ne stanno alla larga. La politica chiede troppo, la politica chiede tutto, attenzione e tempo, quasi non permette altro. È vero anche che esiste una inimicizia nascosta e profonda delle donne verso lo Stato, un risentimento antico. Perché lo Stato è stato nemico delle donne, luogo e ragione della loro esclusione, luogo della loro umiliazione, dove si affermava che il suffragio era universale quando le donne ancora non avevano il voto, luogo che ancora oggi nelle sue forme e nei suoi modi dice che delle donne può fare a meno. È vero anche che spesso le donne non sanno essere solidali tra di loro, quando non si sentono tra loro addirittura nemiche. Questo succede quando si entra in politica con una forte domanda di identità e non con spirito di servizio. Quando si entra con una domanda e non con un'offerta, quando si entra a mani vuote per prendere e non per dare, per avere conferme e rassicurazioni, in partenza si è deboli, solo capaci di ubbidienza, ci ritroviamo in una sorta di dipendenza che porta necessariamente alla passività.

In questi anni a tutte queste situazioni si è cercato di trovare rimedio, ma inutilmente.

Alla impermeabilità della politica, per esempio, si è risposto con il tentativo delle quote, che peraltro non ha avuto successo. Ci sono state grandi polemiche tra le donne a questo proposito. La verità è che i partiti politici, che sono diretti soprattutto da uomini, si sono ben guardati dall'accettare questa formula e che le donne che si trovavano nei partiti politici non hanno avuto la forza di imporla. Polemiche fuori da questa verità sono chiacchiere. In pochi luoghi le quote sono state applicate, luoghi in cui peraltro la presenza femminile resta statica, non cresce, non si radica e questo vuol dire che se le quote sparissero le donne sparirebbero con loro. Questo vale anche per la proposta di "equilibrio della rappresentanza". Senza una scelta politica a monte e una forza reale di donne non può che restare lettera morta. C'è anche da dire però che proprio la maggioranza delle donne ha guardato con un certo fastidio a queste soluzioni, percepite come provvedimenti per una specie in estinzione e vissute come un'umiliazione. Questo perché le donne italiane hanno avuto una grande storia politica, come appena abbiamo ricordato.

E c'è anche da dire che i nostri uomini politici non hanno nella mente di puntare sulle donne né per un ideale di rinnovamento della politica alla radice, come a Cernobbio invece suggeriva il professor Giuliano Amato, né per conquistare una parte di quell'elettorato incerto femminile, ma anche maschile, che sicuramente premierebbe una proposta per una presenza femminile più numerosa quando questa fosse oggetto di una scelta programmatica.

In Italia, abbiamo visto e patito, ci si accontenta di governare con maggioranze risicate fantasiose, ma alle donne come investimento politico, proprio nessuno ci pensa. Eppure puntare sulle donne è vincente, lo dimostrano il successo dei laburisti inglesi, l'area della sinistra in Germania e Jospin in Francia.

È inutile dire che ci troviamo in un momento di stallo. Certamente continuiamo a lavorare, riusciamo a fare un buon monitoraggio su tutto quello che succede, sulle leggi che escono, possiamo anche suggerire cambiamenti e questi cambiamenti possono anche essere accettati, ma questa applicazione, questi piccoli passi, questo controllo, tuttavia necessario, non ci fa crescere, non cambia la realtà che resta per le donne faticosissima. In verità, siamo fuori dalla politica e dalla sua agenda. E noi abbiamo bisogno di politica.

Per andare al cuore del problema forse ci dobbiamo posizionare in un modo diverso, guardare da un'altra angolatura.

E qui entro in un'analisi e in un'interpretazione tutte mie personali alle quali spero risponderete con le vostre, perché siamo qui per scambiarci proprio questo, per confrontarci nel tentativo di venire a capo di questi due problemi: la grande debolezza delle donne nei luoghi alti di questo Paese e il loro pericoloso disamore per la politica.

Personalmente credo che si commetta un errore puntando tutta la nostra attenzione, tutto il nostro lavoro esclusivamente sulla presenza delle donne in Parlamento o al governo o alla dirigenza dei partiti o dei sindacati. In questi luoghi siamo sempre una minoranza, ma questa minoranza non è solo un fatto a cui porre rimedio attraverso tecniche diverse, come abbiamo detto: quote, pratiche di riequilibrio della rappresentanza o scuole di politica per le donne. Tutte queste tecniche possono essere utili, ma non sono veramente essenziali e determinanti, non vanno a mio avviso al cuore del problema. Questo essere sempre una minoranza non è solo un fatto, ma è un effetto di quella speciale minorità in cui casca ogni donna che entra nella politica istituzionale, perché, mettiamola pure come vogliamo, a tutt'oggi una donna in questi luoghi è un'ospite che può essere sgradita o gradita ma che sempre si sente in quella speciale condizione di un certo imbarazzo per non trovarsi in un luogo proprio. Per non essere minoranza è necessario prima uscirne.

Non so chi di voi conosca la storia che racconta di un professore tedesco che decide di imparare la pratica zen del tiro con l'arco. È un piccolo bellissimo libro. Il professore racconta che l'arco era tanto pesante e duro e più lui si sforzava di mirare al bersaglio più le frecce non lo colpivano. Era assolutamente sconfortato, quando il suo maestro gli disse che la cosa da fare non era cercare di colpire il bersaglio ma di applicare tutta la sua attenzione all'arco, imparare a sostenerlo, a tenderlo. Quando il suo corpo fosse diventato arco esso stesso, allora le frecce sarebbero andate da sole al bersaglio.

Questa storia è per me una parabola. Penso che quello che ci manchi per uscire dalla condizione di ospiti sia di divenire Stato. Farsi Stato.

È un'idea sbagliata che, arginato il dominio sessista nella famiglia, nel privato, sul lavoro, attraverso alcune leggi, le donne siano libere. Insomma non è vero che la libertà femminile è realizzata e che solo bisogna far rispettare le leggi che esistono, che abbiamo voluto e che non ci sia altro da fare. Come è anche un'illusione pensare che perfezionare la presenza delle donne al governo di questo Paese sia solo questione di tempo.

Questo, vi dico la verità, lo pensavo anch'io. Ma lo stallo delle donne, questo nostro non riuscire ad arrivare veramente a governare – e qui non parlo solo della politica – e l'impressionante dato del calo delle donne nel nostro Parlamento e il fatto anche che le donne hanno cominciato a non votare in una percentuale maggiore degli uomini, mi fa pensare che il cammino per l'autentica libertà, non sia affatto finito, e che ne abbiamo fatto solo una parte.

Abbiamo cambiato la nostra vita, le nostre abitudini, il nostro modo di pensarci e di pensare il mondo. È stato un percorso di gioia ma anche un percorso doloroso, perché ha toccato le corde più profonde degli affetti. Ci siamo liberate dell'oppressione patriarcale nella sfera privata e soprattutto nella nostra mente, del nostro modo di pensare. Pensavamo di aver finito ma non è finito.

Il patriarcato resta ancora profondamente radicato nella sfera pubblica, nella forma stessa dello Stato. E questa forma produce sostanza. Questo Stato tutto o quasi governato da uomini e dai loro scambi riproduce se stesso. Potremmo anche dire, nello stesso senso, che sia l'assenza delle donne a produrre la loro assenza. Per mettere termine a questo circolo vizioso è necessario significare la presenza delle donne nella forma dello Stato, arrivare, appunto, alla cultura dell'essere insieme, del governare insieme.

Certo è importante, e me ne rallegro, che ci siano ministri donne in un governo, e che una donna oggi per la prima volta sia diventata Ministra dell'Interno, spezzando finalmente quell'ordine che affidava il pubblico, il politico per eccellenza, all'uomini e il privato, il sociale, magari senza portafoglio, alle donne. È un segno molto importante, ma non fa ancora una cultura dell'essere insieme, non la istituisce. È un fatto augurabile, ma questo va, si muove con l'avvicendamento, gli intrecci della vita politica che per fortuna niente e nessuno può regolare fino in fondo.

Come istituire dunque una cultura dell'essere insieme nella vita e nel governo di questo Paese?

Nella nostra cultura, l'unico luogo dove sono pensati insieme uomini e donne è l'istituto del matrimonio, oggi questo è troppo poco. Ci vuole l'idea di un insieme più grande. Ci sono dei luoghi profondamente significativi di concreto potere e di forte potere simbolico dove non ci si arriva per elezione ma per designazione, dove le donne devono esserci in misura uguale agli uomini. Penso che sia anche lì che dovremmo puntare la nostra attenzione.

Faccio un esempio. La Corte Costituzionale decide della costituzionalità delle leggi, leggi che governeranno uomini e donne. Cosa legittima oggi in un Paese di uomini liberi e di donne libere una Corte Costituzionale composta da tutti uomini e da una sola donna? Così è composta al presente la nostra Corte Costituzionale. Cosa legittima oggi questa proporzione così paradossale?

A legittimarla è l'idea di neutralità del cittadino, cittadino come essere indistinto, la quale idea è ben radicata nei nostri ordinamenti in forza di un'altra idea, quella dell'uguaglianza che, da uguaglianza dei diritti per tutti i cittadini, slitta fatalmente a significare l'uguaglianza dei cittadini tra loro. Paradossalmente è l'idea di uguaglianza che esclude le donne. La donna viene esclusa dall'idea stessa di democrazia egualitaria. Se una donna è uguale a un uomo, che governi un uomo o una donna è la stessa cosa... intanto governa un uomo.

Questo è il principio. Se prima era l'esclusione formale ciò che teneva lontana la donna da tutti luoghi dove si giocano i giochi ordinariamente considerati come i più seri dell'esistenza umana, oggi a tenerla lontana è proprio l'idea di una sua partecipazione neutra. È quindi proprio la possibilità teorica (e remota) della partecipazione della donna nei luoghi di potere e simbolici che finisce per autorizzare gli uomini a starci praticamente da soli. Basta l'idea che la donna "potrebbe". Gli uomini, per quanto riguarda loro, mettono in atto strategie di successione, economiche, educative, tutte orientate verso la trasmissione dei poteri e dei privilegi ai loro simili.

Allora è urgente, dunque, uscire dalla cultura della neutralità, dalla cultura dell'indifferenza. Intanto potremmo pensare a una modifica dell'articolo 3 della Costituzione, che nonostante l'intenzione chiara contro l'ingiustizia della discriminazione, finisce per prescrivere l'indifferenza tra i sessi. È necessario lavorare nella direzione invece della pari dignità e della differenza. Ma questo certo non basta.

La cultura dell'essere insieme è una cultura di pari dignità e di riconoscimento della differenza. La donna è diversa da un uomo per biologia, per storia e per esperienza. Se la donna deve governare, deve governare a partire da quello che lei è. Lo Stato dovrebbe accettare questa differenza e prescrivere la sua presenza in alcuni luoghi significativi, il cui accesso è decisionale e non elettivo. Lo Stato deve insomma rappresentare, significare quell'insieme di uomini e di donne, traducendo in forme quell'amicizia che oggi è necessaria tra loro.

Tra l'altro, privi di una cultura della differenza non potremmo mai essere pronti a quella realtà mobile, cosmopolita, verso la quale ci avviamo. Non è nell'essere uguali, infatti, che troveremo le ragioni dell'essere insieme in armonia, ma nell'essere differenti. Non ci sarà mai una vera cultura di autentica accoglienza dell'altro senza una cultura della dignità della differenza.

Non bisogna prescrivere alle donne di guadagnare i vertici del governo dello Stato. Sarebbe un'ingenuità, anche perché alla maggioranza delle donne questo non interessa. Tuttavia è necessario significare la loro esistenza, il loro lavoro, la loro opera, istituendo la loro presenza in quei luoghi che *fanno* lo Stato, in quei luoghi che sono fuori dall'avvicendamento della vita politica. Fondamentale sarebbe la ricaduta di autorevolezza di legittimazione che questo avrebbe su tutte le donne. È necessario, insomma, rompere l'assetto simbolico in cui ci troviamo.

Per questo è necessario aprire una seconda fase di lotta, che sarà molto più dura della prima, perché per gli uomini non si tratterà di lasciare solo posti di potere e di privilegio, ma di cambiare l'idea profonda che gli uomini hanno di se stessi, che è profondamente significata nell'idea di Stato, uno Stato ordinato, retto, governato solo da loro a cui le donne possono avere accesso solo per chiamata, per cooptazione.

Per fare questo non basta più un movimento come quello degli anni Settanta-Ottanta, né bastano le donne della politica istituzionale. Ci vuole un movimento più grande di cui facciano parte quelle donne che conoscono già il governare, che conoscono le regole del gioco, che siano forti e autorevoli, che abbiano in un certo qual modo già vinto e che abbiano voglia di far vincere le altre donne, le giovani donne di questo Paese e le donne della loro storia. Altrimenti rischiamo di lasciare un'eredità imperfetta. Altrimenti nessuno veramente avrà vinto.

Vi propongo di cambiare un paradigma. Finora abbiamo pensato al mondo, al potere, allo Stato come a una piramide che dovevamo scalare. Siamo arrivate a un certo punto e ci siamo accorte che non riusciamo ad andare più su di tanto. Allora proviamo a fare un altro movimento. Partiamo anche dall'alto e scendere sarà più facile.

Sono sicura che l'immagine di donne autorevoli che condividono luoghi significativi con gli uomini farà crescere quella passione politica che oggi ci sembra così affievolita nelle donne e che tanto ci preoccupa. La sottorappresentazione simbolica, in cui ancora oggi ci troviamo, è un cattivo nutrimento, allontana le donne dalla politica.

Uno Stato si racconta attraverso le sue forme, attraverso le sue leggi, attraverso i suoi luoghi simbolici e di potere. Il nostro Stato racconta quasi di soli uomini. Non racconta quindi la verità. Uno Stato che non si racconta nella sua verità è uno Stato che non può funzionare bene. Sta alle donne, e agli alleati che sapranno trovare, perfezionare questo racconto, perché solo perfezionando il racconto, perfezioneranno la loro cittadinanza. Il tempo della Costituente per le donne non è mai finito.

Chiudo con un pensiero sentimentale, ma me lo voglio concedere. Nella cittadinanza femminile c'è una grande speranza, la speranza di rinnovare una passione civile ormai spenta in tante e tanti, la passione della partecipazione, del cambiamento, dell'accoglienza, dell'aspettarsi qualcosa di meglio dagli altri e da se stessi.

1998-2000

Le nostre vite stanno cambiando, l'esuberanza, la creatività della ricerca femminista ci dà la certezza di possedere una forza che può essere spesa anche fuori dai nostri luoghi. Io sono entrata nella Commissione nazionale Pari Opportunità. Nel Ministero per le Pari Opportunità, Paola Tavella è portavoce della Ministra Finocchiaro, Maria Grazia Giammarinaro è capo legislativo, Franca Chiaromonte consulente. Tutte donne del Virginia Woolf.

Franca è eletta in Parlamento. Il giorno dell'insediamento la accompagno alla Camera. È una bellissima giornata di sole, usciamo dalla sede del Virginia Woolf in via dell'Orso e ci incamminiamo verso Piazza Montecitorio, la strada è leggermente in salita. Via della Stelletta, piazzetta Campo Marzio, via del Vicario e siamo arrivate. Buona fortuna, un po' di commozione, un abbraccio forte e poi lei entra.

Nessuna di noi ha la sensazione di essere mangiata dalle istituzioni, di perdere qualcosa. Abbiamo invece la sensazione di portare in questi luoghi qualcosa di prezioso.

Tuttavia qualcosa cambia tra di noi. Il Centro comincia a essere disertato, non riesce a restare il centro della nostra attenzione, si fanno bei progetti, ma fuori. Questo spostamento, questo nostro stare altrove, provoca un vuoto di iniziativa politica e di progettualità. Reagisco e propongo un'azione politica che riguarda l'articolo 3 della Costituzione, ma la proposta cade nel vuoto. Penso che sia necessario e ur-

gente anche riprendere a ragionare sul rapporto emancipazione/liberazione, troppo divaricato nelle nostre teste. Le donne dei partiti, le donne legate in generale alle istituzioni, le donne dell'associazionismo cattolico hanno ancora come punto di arrivo l'uguaglianza tra uomo e donna. Al movimento femminista, che lavora sulla differenza tra uomo e donna, l'uguaglianza non basta, vuole molto di più, il mondo degli uomini non è più il traguardo, vuole un mondo che sia anche a misura di donne, altri criteri, altri principi, altri valori. Penso che sia assolutamente sbagliato dividersi in due gruppi, due partiti, due credi. Bisogna a questo punto trovare una sintesi.

La Libreria delle donne di Milano scomunica questa nuova fase, continua il rigetto verso la politica delle istituzioni, che ritiene contaminante. Nonostante l'amicizia personale, si crea distanza politica.

Muore Lucio Battisti. Ci vediamo una sera a cena come facevamo spesso noi donne del VW, una di noi intona Il mio canto libero, *la cantiamo tutte fino in fondo, sappiamo tutte le parole.*

Il disordine della politica istituzionale non aiuta. Per un voto cade il governo Prodi, messo in crisi da Rifondazione Comunista a cui si affianca tutta la destra parlamentare. In un primo pomeriggio di febbraio arriva D'Alema a Palazzo Chigi, io ero all'ultimo piano, lì erano gli uffici della Commissione. Mi affaccio e lo vedo attraversare la bella corte da solo, sembrava piccolissimo da lassù. Andava a prendere la simbolica campanella dalle mani di Prodi, era il primo comunista a farlo.

L'asino di Buridano, tra potere e autorità[*]

Ho sempre pensato che si debba partire da quello che si ha e non da quello che ci manca, partire insomma dal positivo. Amo la leggerezza. Ma questa volta invece parto da una nota pesante. Questo è un momento difficile. Ci troviamo in un passaggio difficile della nostra storia. Le donne che hanno intrapreso un viaggio per arrivare qui[1] e che vengono da lontano non hanno viaggiato a cuor leggero, come si faceva una volta. Dobbiamo affrontare un problema. È un periodo basso, bisogna anche accettare i periodi bassi, Deleuze diceva che nei periodi bassi non c'è che resistere. Ma anche un periodo come questo può nascondere qualcosa di buono, un'occasione. Penso che ci sia sempre qualcosa di buono da cercare, ma bisogna saperlo cercare. Nei momenti di forte contraddizione e anche nei momenti di assenza di idee, c'è sempre qualcosa che si può raccogliere per sé, se si sa cercare.

---

[*] Intervento di apertura al workshop "Potere e Autorità", Centro Culturale Virginia Woolf, Roma, 23-24 maggio 1998.

[1] Partecipavano ai workshop donne che arrivavano da tutta Italia. Gli incontri duravano due giorni, tutto il sabato con l'intervallo del pranzo e la domenica fino alle 13.

Siamo qui per questo. In un periodo difficile cerchiamo qualcosa di buono, che ci può essere utile, magari che ci aiuta a capire qualcosa di più.

Chi ha vissuto i momenti alti della nostra storia, pieni di entusiasmo, di vicinanza reciproca, capisce perfettamente che qualcosa è cambiato. Oggi sembra che l'amicizia rischi di raffreddarsi, che la fiducia reciproca cominci a venire meno. È un periodo poco allegro. Sento una certa diffidenza tra noi e questo è cosa nuova.

Perché succede questo? Qual è la causa di questo cambiamento?

Il primo motivo è il vuoto di idee politiche. Questo vuoto, in questo momento, pesa molto. Ci accorgiamo di essere ripetitive.

Il secondo motivo è che si è persa una certa libertà di parlare. Questo riguarda soprattutto i luoghi delle donne, i nostri luoghi che hanno fatto la storia di questi anni. In questi anni abbiamo guadagnato tanto proprio parlando con grande libertà. I nostri luoghi, i centri delle donne, questo Centro, che ha ormai una storia di vent'anni, che è stato così importante per la vita di tante donne e per quella che è stata la politica delle donne in Italia, è stato un luogo di grande verità, ciascuna poteva dire quello che veramente pensava, luogo assolutamente libero. Da questa pratica di verità e di libertà siamo riuscite a creare ottime sintesi politiche che ci hanno fatto pensare in modo nuovo. Pensate all'idea di autorità femminile, all'idea del nutrimento simbolico, idee che hanno decisamente cambiato la vita a tante di noi e che ci hanno fatto vedere la realtà da un punto di vista diverso. Questo è stato il grande guadagno. Abbiamo pensato insieme e siamo riuscite a vedere ciò che prima restava indistinto e abbiamo dato nome e senso a tante cose della nostra vita, contraddizioni, infelicità o gioie, che ai nostri stessi occhi restavano oscure.

Tutte noi abbiamo partecipato a questo grande lavoro di conoscenza. Per fare questo abbiamo avuto bisogno di concentrazione, così ci siamo dovute allontanare un po' da tutto, dai partiti politici, dalla politica istituzionale, dal potere e dal denaro. La distanza da questi luoghi e temi e dalle loro logiche per un po' di tempo è stata per noi necessaria per garantire quella libertà di dire ciò che pensavamo. I nostri luoghi sono stati luoghi separati dal mondo, anche se stavamo mettendo al mondo noi stesse. La nostra è stata una sorta di necessaria sospensione della cittadinanza. È stato un gesto di profondo separatismo. Personalmente non ho mai pensato che i nostri luoghi fossero tutto il mondo. Avevo ben chiaro che il nostro mondo non era l'unico mondo possibile, ma c'è chi l'ha pensato.

Politica istituzionale, potere e denaro sono temi che cominciano a circolare tra noi, si avvicinano. Il mondo che avevamo messo da parte comincia a entrare nei nostri luoghi.

Noi tutte sappiamo quanti luoghi delle donne sono finiti, quanti centri, gruppi, collettivi si sono chiusi non appena il potere con le sue logiche o il denaro con le sue logiche prendevano spazio. Sono stati tantissimi. Ciò è avvenuto anche con pesanti sofferenze personali.

Adesso la situazione è questa: il processo di libertà che avevamo aperto per noi si è concluso. La costruzione della nostra libertà è riuscita e si è conclusa con successo. Penso veramente che oggi una donna sia libera o possa esserlo. Naturalmente c'è da intendersi sulla parola libertà. La libertà non è soltanto un andare e venire, poter spendere il proprio denaro, scegliere dove vivere e con chi, tutte cose peraltro che solo fino a poco tempo fa non ci erano possibili. Le nostre nonne non godevano di queste libertà. Questo spesso tendiamo a dimenticarlo.

Non intendo questa libertà, ma la libertà che ci ha fatto pensare a noi stesse, che ha aperto per noi la pratica del giudizio su questo mondo e che ci ha mostrato a noi stesse nel bene e nel male e che ci ha fatto vedere dove eravamo e ci ha fatto uscire dalla miseria simbolica, da un senso misero dell'essere donna. Desiderate o non desiderate, amate o non amate, siamo comunque qui, siamo in questo mondo senza più la sensazione di essere ospiti. Abbiamo capito che un posto nel mondo non "ci spetta", non è un diritto, è un fatto: siamo qui. Per il solo fatto di essere nate, e condividere con altri la grande esperienza dell'esistenza umana su questa terra, *siamo* senza doverlo dimostrare, senza doverlo giustificare, senza dovere portare prove a chicchessia. La separatezza ci ha fatto guadagnare tutto questo.

Ma proprio questa libertà, che noi abbiamo costruito, ci sposta. Siamo certamente qui, siamo certamente nelle nostre case, ma ora siamo anche nel nostro Paese, nelle vicende del nostro Paese. Questa nostra libertà, paradossalmente, apre i nostri luoghi chiusi – anche se posso testimoniare che erano i più ossigenati del mondo per noi tutte che abbiamo condiviso questa grande esperienza – ce li rende nuovi ma più faticosi, più difficili.

Va sfumando la sensazione di separatezza, di estraneità, di essere altro, di essere altrove che per qualche tempo è stato un qualcosa di assolutamente esaltante. Adesso siamo qui nel bene e nel male. Siamo qui in un mondo che non abbiamo organizzato noi, regolato da forme che non abbiamo deciso noi. Tuttavia, siamo qui e non possiamo più dirci estranee perché è proprio la nostra libertà che non ce lo permette. La libertà ci consegna a essere nella *Polis*.

Polis diventano anche i nostri luoghi, non sono più luoghi protetti, lontani, tra noi cominciano a circolare ambizioni che chiedono sostegno. Cambia l'atteggiamento tra di noi, cambia il linguaggio, non c'è solo l'impegno di dire la verità, ma quello di essere convincenti, di seguire una strategia, di condividere progetti, di costruire azioni comuni. L'altra donna non è più solo la compagna, ma può anche essere l'avversaria, la persona con la quale misurare il proprio pensiero. È un cambio grande, un cambio forte, ma penso che ci dovremo abituare a essere mondo l'una per l'altra, fuori dai bagni caldi[2] come dice Simone Weil. L'amicizia, il calore, la confidenza, la ricerca di risposte non sono più le uniche ragioni d'incontro.

Mi dico spesso che se questo è un problema che viene portato dalla libertà non può essere sterile, non può essere cattivo. Da qui la necessità e la certezza che troveremo, anche in questa situazione, il modo di dare un senso nuovo alla politica. La politica, la politica del mondo altro, anche per noi diventa un luogo di esposizione non più protetto, non più garantito. La libertà ci consegna all'azione e l'azione ci consegna alla politica fuori dai nostri luoghi, comincia a farsi sentire la necessità di governare la realtà a cui apparteniamo. La politica per noi è

---

[2] Simone Weil, *L'Iliade o il poema della forza*, Borla, 1999.

cambiamento, abbiamo cambiato tanto delle nostre vite, abbiamo rotto equilibri e costruiti altri. Non è stato facile, è stato gioia e sofferenza insieme come in una nascita, di fatto era la nostra nascita. Ora questa voglia di cambiamento va oltre i nostri luoghi, le nostre case. C'è voglia di cambiare tutto.

So perfettamente che questo è un punto di conflitto forte nel nostro Movimento. Ma penso, e lo voglio dichiarare con forza, che nessun conflitto merita una scomunica. La scomunica è riprovazione senza appello, non attende parole. È un modo di fare triste.

La causa del conflitto è: partecipare o non partecipare al governo dei beni comuni? E forse la domanda può essere ancora più radicale: esistono dei beni comuni? Io rispondo di sì. I beni comuni sono l'aria, l'acqua, sono quelli che paghiamo con le nostre tasche, sono le scuole, le università dei nostri figli, gli ospedali che ci dovrebbero curare, le strade di cui ci serviamo, le forme che servono a governare, i criteri che ordinano la società in cui viviamo, le regole per vivere insieme. Perché dovrei definirmi estranea o quantomeno disinteressata a tutto questo? Io penso che la perdita del mondo, perché mettere distanza tra noi e tutto questo che ho nominato la considero una perdita del mondo, sia una forma di inumanità, in un certo senso di sottrazione a un impegno.

La pratica dell'estraneità ci è servita per fare quel vuoto dentro di noi necessario a far parlare la nostra esperienza. Volevamo finalmente sapere che cosa è veramente una donna attraverso le nostre vite, le nostre felicità, infelicità, passioni, cosa è una donna fuori dai codici patriarcali, fuori dalle prescrizioni del dover essere, fuori dai galatei.

È stato un lavoro, un grande lavoro che ci ha permesso di far parlare la nostra esperienza di donne. Abbiamo dovuto mettere a tacere tutto ciò che parlava al nostro posto, abbiamo guardato ciò che era noto, ciò che ci sembrava familiare, con un'attenzione tanto speciale come se lo vedessimo per la prima volta. Così i nostri occhi si sono fatti nuovi e abbiamo potuto guardare con occhi nuovi e pensare. Abbiamo fatto teoria sulla madre, sui figli, sull'amore materno, sul lavoro casalingo, sui nostri desideri, sulla sessualità, sulla violenza. Tutto quel sapere che abbiamo guadagnato ha costruito la nostra libertà, che è pensare, giudicare, prendere le distanze, riconoscere la violenza, cercare il nostro bene. Ma oggi proprio questa libertà ci porta ad altro.

La fase che stiamo attraversando è maledettamente dura perché di due storie, la storia degli uomini e la storia delle donne, è necessario oggi farne una sola. Nel corso del tempo ci sono state due storie che sono andate parallele, due storie con due codici di comportamento, due etiche. Pensate all'aborto. Per gli uomini e i loro sistemi di controllo, religioni, tribunali, l'aborto è stato sempre illegale. Invece la storia delle donne ha sempre legittimato l'aborto. Una donna poteva finire in galera per aver abortito, ma non si sentiva mai fuori dalla legittimità, la legittimava la sua storia di donna e quella delle donne che l'avevano preceduta. La sua volontà era sovrana contro ogni altra legge, spesso a scapito della sua stessa vita. Ma oggi proprio la nostra libertà fa sì che di queste due storie se ne debba fare una sola.

È difficile fare questo passaggio. È finita la storia separata delle donne e se questo lavoro è cominciato prima della nostra generazione, con la nostra generazione dovrebbe finire, perché la nostra generazione è quella che ha compiuto la costruzione della nostra libertà. Questo lavoro dovrebbe finire con il secolo che ne ha visto l'inizio. Il Novecento lo considero, nonostante tutto, il secolo delle donne, del grande cambiamento della condizione delle donne e della loro collocazione. È stato il secolo della libertà femminile perché le donne hanno finalmente pensato se stesse. So bene che c'è ancora tanto da fare, che la vita materiale delle donne è ancora durissima, pesantissima, e faticosissima, presa ancora da mille contraddizioni. Questo non ci spaventa. Non è più un ordine trascendente che ci dirige, nessuna di noi crede più al destino immutabile che tocca a chi nasce donna. Non abbiamo di fronte più né padroni né Dio.

Siamo arrivate a questo punto e lo ritengo un buon punto. Ma questo non è il momento di fare ognuna per conto suo, ognuna per la propria strada, ciascuna con la propria iniziativa e di salutarci qui. Abbiamo ancora bisogno di una politica comune. Il patriarcato è finito e di questo ce ne accorgiamo, è finito nelle nostre teste, nei nostri cuori, ma oggi ci troviamo di fronte a un avversario più pericoloso, ci troviamo di fronte a quello che la studiosa americana Carole Pateman[3] chiama il patriarcato dei fratelli. I fratelli sono di una competitività senza regole né misure, risentiti dalla presenza delle donne, vendicativi e di una insolenza scoperta. Questi fratelli tollerano la presenza delle donne, dimostrando, appena possono, che ne possono fare a meno. Gli uomini fanno della pratica del governare un universale, mentre la prati-

---

[3] Carole Pateman, *Il contratto sessuale*, Editori Riuniti, 1997.

ca del governare sta tutta nel particolare, nel particolare dell'intenzione di chi governa, nel particolare delle cose e delle persone governate. Oggi è ancora la nostra libertà a mettere in crisi questo concetto. Oggi una società di uomini e donne libere non può essere governata da soli uomini, non solo non funziona, ma niente più la legittima. Cosa legittima un governo di soli uomini? Una volta quando la donna era sotto la tutela degli uomini, tutela amministrativa, tutela giudiziaria, economica e simbolica, non faceva nessun effetto che fossero solo uomini a governare la società, era assolutamente legittimo, stava nell'ordine delle cose. Ma oggi che le donne non sono più sotto la tutela maschile, né amministrativa né giudiziaria né economica né simbolica, niente più legittima un governo di soli uomini. Un governo di soli uomini o di tanti uomini e pochissime donne diventa abuso.

Attenzione. Non faccio questo discorso in nome della democrazia. Bisogna che mi spieghi meglio. È un passaggio importante. L'argomento che sento spesso circolare è che un governo senza donne è segno di un deficit di democrazia. Perciò faccio un passo avanti. Noi crediamo alla democrazia? Alle regole democratiche? Qui crediamo ancora all'idea di un governo di tutti? Crediamo ancora all'idea che ci dice che siamo tutti uguali? Il saggio di Franca Chiaromonte, che fu il tema unico dell'anno 1994 di questo Centro, si intitolava *Oltre la democrazia*,[4] ci invitava a una presa di distanza dall'idea di uguaglianza e dall'idea di rappresentanza. Abbiamo dedicato quel-

[4] Franca Chiaromonte, *Oltre la democrazia*, Programma 1994, Centro Culturale Virginia Woolf, 1994.

l'anno alla riflessione sull'articolo 3 della Costituzione, proponendoci una sua riscrittura che fosse centrata nella differenza tra uomini e donne, considerata come incancellabile e inalienabile sotto ogni punto di vista. Questo lavoro è risultato presto faticoso e sfuggente perché, mentre noi lavoravamo a una Costituzione più aderente alla verità delle cose umane, l'idea di democrazia stessa si stava svuotando. Il primato dell'interesse economico stava guadagnando spazio alle grandi idealità di cui la Costituzione dovrebbe essere il precipitato. La democrazia, le regole democratiche sembrerebbero volatilizzarsi. Certo al loro posto non c'è un sistema totalitario, ma un sistema complesso difficile da definire di interessi e di relazione, molto fluido, molto scivoloso, molto difficile da identificare e a cui è molto difficile dare un nome, dove il potere cessa di essere funzione e diventa *medium*.

Il potere ha perso e sta perdendo sempre di più la sua natura simbolica. Questo è una cosa nuova. Il patriarcato dei padri teneva molto alla natura simbolica del potere. Vi ricordate cosa diceva Virginia Woolf sugli apparati di rappresentazione del potere maschile? Ecco, penso che ai fratelli tutto questo importi meno, vanno al sodo. Il punto di estremo interesse è il denaro, è il denaro che sempre di più acquista una valenza simbolica più forte di quella del potere. Potere e denaro sono legati ma non del tutto.

Il bisogno simbolico maschile oggi, è una cosa di cui dovremmo tener conto, si è spostato e da questo dipende l'emorragia di autorità dei luoghi della politica istituzionale. I luoghi della politica istituzionale non sono più ricoperti da questa o quella persona in quanto "funzioni", sono piuttosto occupati e distribuiti in una pratica che si fa sempre più spudorata, secondo reti di interessi economici. I partiti di oggi stanno diventando più somiglianti a organigrammi aziendali. Ci si lamenta del poco scambio, ma non ci si sorprende più delle decisioni prese al vertice.

Noi donne spesso invochiamo la democrazia, ma dobbiamo fare attenzione. Non vorrei che fossimo le guardiane di un tesoro che già altri hanno portato via. Adoperarsi perché la presenza delle donne sia più significativa non lo collocherei più nell'ordine di un perfezionamento della democrazia, quanto nell'intento di fondare una nuova cultura dello stare insieme di uomini e di donne, un'idea di umanità come esperienza del molteplice.

La società in cui viviamo non prevede nessun luogo dove uomini e donne siano insieme, se non l'istituto del matrimonio e della famiglia. Fuori da qui, per esempio nell'atto del governare, nel prendere decisioni che riguardano tutti, nello scegliere una via di sviluppo piuttosto che un'altra, questa vicinanza non è prevista, né regolata, ma non è neanche immaginata. Realizzare, prevedere, organizzare e imporre questa vicinanza è il compito politico che ci aspetta.

È un grande progetto. Nella realtà ci sono uomini e donne presi dalle necessità della vita, con i loro bisogni, i loro sogni, i loro desideri, in continuo scambio, in una continua necessità reciproca. Ma nella politica questa necessità scompare. Gli uomini, i fratelli, vogliono fare da soli, come hanno sempre fatto, e non registrano il fatto nuovo della nostra libertà. Ora questa libertà, questo nuovo soggetto politico che siamo, dev'essere significato e registrato. Una politica che affonda le sue radici nella realtà ha buone chance per essere una buona politica.

Sia chiaro, perciò, che lavorare per una cultura dello stare insieme, che prevede un insieme di uomini di donne, fuori dal criterio di uguaglianza, radicato invece nel criterio della differenza, significa aprire un fronte che non si è mai veramente aperto fino a oggi. Gli uomini, i fratelli, sono disposti a concedere qualche spazio, ad arretrare là dove necessario, ma non sono affatto disposti a una cultura dello stare insieme. Sono disposti che le donne entrino alla spicciolata, sanno che le donne ci saranno, lo danno per scontato, lo considerano un male del tempo a cui non c'è rimedio, un po' come la morte. Questa è la resistenza passiva. Gli uomini sono tranquilli perché le donne che entrano nei loro spazi, nella maggior parte, sono loro che le scelgono e le controllano. Poi naturalmente c'è la resistenza attiva che può avere tante forme, può essere sottile. Se la resistenza è attiva, qualsiasi legge o norma che vuole regolare la presenza di uomini e di donne viene giudicata discriminante e quindi anticostituzionale. L'articolo tre della Costituzione, che recita che tutti i cittadini sono uguali senza discriminazione di sesso, ne dà la possibilità. Ricordiamo la legge voluta da Tina Anselmi secondo la quale un terzo dei candidati della lista deve essere di sesso diverso, la Corte Costituzionale la bocciò con una sentenza che recitava: "Non si accettano limiti o vincoli o riserve nelle liste dei candidati in ragione del loro sesso", in perfetta obbedienza, naturalmente, con l'ambiguissimo articolo tre della Costituzione. Sette mesi prima di questa sentenza, Scalfaro, che oggi si meraviglia e si compiace di quante donne governano la Svezia e si rammarica di quante poche donne governano l'Italia, disse: l'obbligo delle donne in lista è disgustoso. Resta il sospetto che Scalfaro desse voce al rancore profondo del mondo maschile per l'obbligo di alternanza nelle liste proporzionali. Ma in fretta la Corte Costituzionale rimise le cose a posto facendo in modo che i candidati tornassero a essere neutri.

Un altro esempio: la scelta del nuovo nome del PDS, Partito dei Democratici di Sinistra, è stata un'operazione che fa una certa impressione. Questo plurale maschile, questi "democratici di sinistra", le donne di questo partito lo hanno subito accettato, nessuna ha trovato niente da dire. È una cosa che decisamente mi ha fatto restare male, che mi ha fatto provare un senso di solitudine. Eppure sono le donne che hanno realizzato la grande azione politica della Carta delle donne,[5] che fu un processo identitario radicato nell'essere donna all'interno dello stesso partito. Che senso ha quel loro silenzio: disattenzione? Arretramento? Perdita? Il nome di un partito è importante, non è un dettaglio, è sostanza. Togliatti non avrebbe mai scelto un plurale maschile e non lo avrebbe tantomeno scelto Berlinguer, l'hanno invece fatto i "fratelli", senza pudore. Dovevano far vedere quanto erano vincenti e quanto lo sono ancora, quanto "la faccenda delle donne" fosse ormai superata e rientrata nell'ordine. Come il giro del torero che dà le spalle al toro in spregio al pericolo, la mossa del vincitore che raccoglie consenso con la forza di un gesto umiliante. Subito dopo, le donne invitavano a una grande assemblea nazionale in giugno e si trovarono costrette a firmare per nome e cognome.

[5] *Dalle donne la forza delle donne. Carta itinerante*, documento a cura della sezione femminile della Direzione del PCI, Nuova stampa Mondadori, 1986.

Impossibile, infatti, firmarsi “le donne dei democratici della sinistra”. Vi sembra una sciocchezza? Non lo è.

Siamo a questo punto e questo non è un buon punto, è come se avessimo perso un sentito comune. Per quanto ci riguarda, qui e ora, comincio a registrare rancori, risentimenti, invidia, competitività. Il mondo si avvicina. Non permettiamo al mondo di guastare ciò che abbiamo costruito, dobbiamo piuttosto cambiarlo questo mondo.

Tutto quello che ci riguarda, che riguarda la nostra vita, è stato frutto di lotte. Questo non va dimenticato. Nulla c’è stato concesso, né regalato, né dato in coscienza di giustizia, niente. Noi questo tendiamo a dimenticarlo. Abbiamo fatto nostri i beni conquistati come se ci spettassero da sempre, dimenticando chi ha lottato per noi e quanto tutto questo è costato. Abbiamo fatto una divisione nelle nostre teste e nei nostri cuori, abbiamo trovato due parole per questo: emancipazione e liberazione, e così abbiamo diviso il mondo delle donne. Parlo del nostro movimento e in particolare parlo per me. Non abbiamo esercitato abbastanza quel sentimento che ha il potere di farci riconoscere tutte nella condizione umana e che sempre rende migliori: la gratitudine per le donne che ci hanno preceduto.

Voglio aprire un tema, voglio portarlo a una riflessione comune.

Oggi possiamo amministrare un nostro patrimonio, riconoscere un figlio illegittimo, ereditare, scegliere la nostra residenza senza essere obbligate a risiedere dove risiede nostro marito, possiamo aprire un conto in banca, possiamo deporre in tribunale, andare all’università, esercitare libere professioni, diventare magistrate, avere il passaporto, spendere il nostro stipendio, comperare una casa: tutto questo e altro ancora lo dobbiamo alle donne che ci hanno preceduto. Solo pochissimo tempo fa tutte queste cose non le potevamo fare. Le dobbiamo alle donne che ci hanno preceduto e alle loro lotte, al fatto che loro non si sono sentite estranee e hanno combattuto per un diritto di famiglia che non facesse vergogna a un Paese civile. Non possiamo dimenticare tutto questo. Mi devo correggere, non lo abbiamo dimenticato, meglio dire che l'abbiamo messo da parte, fuori vista. È stato giusto farlo, dovevamo alleggerirci per pensare il nuovo, dovevamo farlo per capire che alle donne, per la loro felicità, non servivano soltanto soldi, lavoro e non essere maltrattate, ma avevano bisogno di autorità, di modificare quel piano simbolico di rappresentazione che ci mostrava inferiori, povere di natura, sconfitte dal destino. Avevamo bisogno di aria e di ossigeno per fare quest'operazione. Il dolore e la fatica della storia delle donne, anche la più recente, ci avrebbe certamente soffocate, ci avrebbe fatto piangere, e per costruire libertà le lacrime non servono. Ma ora che siamo nell'ordine della libertà, secondo me, quella storia va ripresa, in un certo senso va continuata. Si dovrebbe lavorare per riuscire a vedere quel *continuum* che lega le due strade, la strada della nostra generazione che ha lavorato alla liberazione, la strada delle donne che ci hanno preceduto, che hanno lavorato all'emancipazione. Dobbiamo continuare il lavoro per l'uguaglianza sostanziale, ben sapendo che per l'uguaglianza sostanziale dobbiamo passare dalla differenza e che non c'è altra strada se non passare attraverso l'idea della differenza. L'idea di differenza è la nostra leva che ci porterà tutte più lontano.

Penso che dobbiamo riprendere la strada per continuarla, portarla avanti forti di quel sapere che noi abbiamo prodotto, di questa forza nuova che abbiamo.

Penso alle donne che hanno partecipato alla scrittura della Carta Costituzionale. Ultimamente ho letto un articolo dove si diceva: una Costituzione di padri e non di madri. Non è neanche giusto dire questo, certamente le nostre costituenti ci sono sembrate troppo timide; ma hanno gettato i semi per quelle che poi sono state tutte le conquiste che ho appena detto. Certamente per le nostre costituenti sarà stato amaro vedere da una parte affermare l'uguaglianza tra i sessi nell'articolo tre e dall'altra sapere le donne ancora picchiate legalmente dai loro mariti o ancora escluse dalla magistratura. Sarà stato amaro non riuscire a scongiurare questo doppio binario, nonostante i loro sforzi e la loro capacità di essere unite. Se leggiamo con attenzione la Costituzione, ogni passo che va nella direzione di uguaglianza reale tra uomini e donne viene subito smentito da una formula, sempre quella, che dice: secondo i limiti stabiliti dalla legge. E la legge ancora l'uguaglianza non la prevedeva. E lì cadeva l'asino.

Sarebbe un titolo bellissimo, "Secondo i limiti stabiliti dalla legge", per un libro sulle donne e la Costituzione, ma comunque non sarebbe un libro per noi definitivo, il lavoro sulla Costituzione per quanto ci riguarda non è mai terminato. In questi anni siamo state in una fase costituente.

"Autodeterminazione", parola scritta nella legge 194, fu una nostra grandissima vittoria. La vittoria è stata quella parola. Per questa parola, le lotte per l'aborto hanno avuto una grandissima forza. Il fatto materiale era dover garantire l'aborto in condizioni umane, le donne non dovevano più morire sui tavoli di cucina, niente più ferri da calza. Ma la forza di quella lotta è stata anche una forza simbolica fortissima legata proprio a quella parola, "autodeterminazione". Su questa parola, le altre due idee che abbiamo nominato, emancipazione e liberazione, hanno trovato una sintesi. E abbiamo ottenuto quello che volevamo. Per questa parola le donne comuniste ebbero la forza di porre un *aut aut* al loro partito, determinando una scelta immediata di campo di tutta la sinistra. Certo, fu una lotta per l'aborto ma soprattutto fu una lotta grande sul piano simbolico. Vale per noi come un pezzo di Costituzione, certo non è esaltante essere nominate come soggetto libero in una legge così carica di dolore per noi donne. Tuttavia è così. Questo aiuta a capire perché questa legge, tuttavia imperfetta perché l'aborto resta ancora reato se non fatto a determinate condizioni, se qualcuno la toccasse si solleverebbe di nuovo un'onda grande di lotta. Questa non è una minaccia, è una realtà.

Noi oggi vogliamo di più. Vogliamo che la nominazione di un soggetto libero debba essere scritta, registrata anche fuori da quella legge. Dobbiamo scrivere la nostra autodeterminazione nella Costituzione. In questo Centro, voi sapete, abbiamo lavorato un anno su questo tema. Abbiamo lavorato sui primi tre articoli della Costituzione italiana tentando di produrre una modificazione significativa per noi. È stato un grande esercizio. Penso che dobbiamo continuare questo lavoro, però non più come un esercizio ma come vera e propria azione politica. Penso che i tempi siano maturi per questo.

Dobbiamo anche riposizionarci nella grande tradizione di lotte delle donne, sapendo che abbiamo un di più da spendere. La nostra politica ci ha fatto guadagnare a piene mani. Per tanti anni abbiamo fatto politica in altro modo. Non sto dicendo che abbiamo sbagliato, non è revisionismo il mio, tutt'altro, ma oggi è necessario aprire un nuovo fronte di conquiste perché non è vero che tutto è già stato conquistato, manca moltissimo.

Modificare l'articolo tre della Costituzione, fondamentale dovrebbe essere un'azione politica comune importante e lavorare su questo non più nello spirito dell'esercizio. Dobbiamo riaprire un nuovo ordine, di due politiche farne una. Capisco che questo è un salto difficile. Ricollocare e riaprire una grande stagione di lotte, ragionare su quella separazione troppo netta tra emancipazione e liberazione. Ho già detto che questa separazione era necessaria, ma oggi mi sembra necessario lavorare a una sintesi di questi due percorsi. Sono molto curiosa di sentire che cosa pensate a proposito.

2000-2005
INTERVALLO

Il Centro Virginia Woolf ha chiuso. Era nell'ordine delle cose? Il mio appassionato appello per un "femminismo aperto", non dà frutti. Resta la certezza di aver fatto molto e la gratitudine di tutte. Tra quelle mura abbiamo pensato, studiato, parlato, ascoltato, cambiato vita e siamo state molto felici. Tutte le esperienze finiscono, anche le più belle, anche le più importanti, ma per me è un grande vuoto da gestire.

L'esperienza della Commissione nazionale Pari Opportunità mi ha tolto energie. Pensavo di riuscire a portare qualcosa del mio femminismo. Non avevo fatto i conti con il muro di gomma delle istituzioni, dei partiti verso le donne e i loro temi. Ho capito presto che l'interesse verso le donne è solo apparenza, nessuna sostanza, un alibi perché tutto resti uguale. Grande amarezza.

È terminato il governo D'Alema, c'è Berlusconi adesso. La lingua della politica si fa più volgare. Ritorna un maschilismo bieco che si traveste da galanteria. Le donne sopportano. Sopportare, attitudine secolare, il nostro difetto più grande, guai pensarla come una virtù.

Ho bisogno di fare altro, leggere, viaggiare. Basta politica delle donne, mi voglio godere i miei sessant'anni.

Non faccio a tempo a dirlo. Ecco l'11 settembre 2001. Attentato alle Torri Gemelle di New York. Al mondo viene tolta la parola, per un tempo lungo c'è solo dolore e stupore e paura. Penso che il mondo non sarà più lo stesso, che probabilmente ci aspetta una guerra mondiale. Mi sento in trappola. Ho mai pensato che ogni guerra, ogni disastro è stato deciso da uomini? Che quella che chiamiamo storia è la loro storia? E che nessun disastro, per quanto grande sia, non ha ancora disautorizzato gli uomini alla gestione del potere?

Divento nonna. Il 27 marzo del 2003 nasce Anna. Ho avuto due figli maschi, chissà perché non mi aspettavo una bambina. È lei che mi riporta alla politica, lo sento come un impegno, un obbligo. Se credo ancora alla rivoluzione femminista, unica via per un mondo più decente, più umano, meno divino, devo continuare, cercare altre strade.

2005-2006

Si trova finalmente la parola per significare l'assassinio di una donna uccisa perché tenta di uscire dall'ordine patriarcale: "Femminicidio". Presto diventa un fenomeno sociale allarmante, ma a essere allarmate sono solo le donne, gli uomini restano indifferenti, come se il problema non li riguardasse. La violenza diventa un tema sempre più presente nei media, nei discorsi, nei luoghi della politica istituzionale. È un tema killer per la politica delle donne, pericolosissimo, ti illude di essere al centro dell'attenzione, in realtà conferma l'ordine esistente. Me ne tengo a distanza, per quanto posso.

Violenza e identità*

Per prima cosa voglio ringraziarvi del vostro invito. Ringrazio l'associazione Mujeres Grandes che ha organizzato questo seminario e che mi dimostra tanta stima e aspettativa da mettere le mie riflessioni a chiudere questo ciclo di incontri. E ringrazio in particolar modo Lola Ausina,[1] che ha sempre su di me un potere di convincimento non comune e infatti sono qui. Vi dico questo perché mai, in tutta la mia attività politica e di ricerca, ho accettato di partecipare a un dibattito sulla violenza, questa è per me, quindi, la prima volta. La prima volta che affronto questo tema davanti a un pubblico. Vi spiegherò più avanti le ragioni della mia reticenza.

Per la verità, una volta partecipai a un corso di formazione per donne che si sarebbero dovute impegnare a lavorare in una casa di accoglienza per donne maltrattate. Ma lì parlai soprattutto della cura di sé che queste donne avrebbero dovuto avere, del riguardo e dell'attenzione che loro, che avevano scelto questo lavoro così duro, dif-

* Conferenza nel seminario annuale di Mujeres Grandes, tenuta a Valencia nel maggio 2005.

[1] Lola Ausina, figura di spicco del femminismo valenciano, presidente della scuola di formazione permanente "Mujeres Grandes".

ficile e triste, avrebbero dovuto avere verso se stesse per prepararsi ad affrontare tanto dolore. Parlai soprattutto della felicità, non che la felicità sia qualcosa che possa essere raccomandata o possa essere oggetto di uno sforzo di buona volontà; tuttavia, può essere desiderata e quindi ricercata. E questa ricerca può orientare, può far trovare uno stile, uno stile di vita. Avrebbero dovuto, queste donne, alzare la vela e raccogliere quel soffio di vento generato da quel desiderio tutto umano di essere felici, di amare e di essere amate. Raccomandavo loro di non farsi tentare e sopraffare da quei venti più impetuosi che l'immagine della violenza, dell'umiliazione, del dolore, del non amore avrebbero provocato intorno a loro.

Perché dicevo questo?

Perché il loro lavoro le avrebbe esposte inevitabilmente al rischio della transitività dell'umiliazione. Infatti il "senso" di una donna maltrattata non si ferma al suo corpo, alla sua storia personale, alla materialità della sua persona, si espande, invece, a dare senso alle altre, alle altre donne, a tutte noi. Se una donna viene picchiata, maltrattata, violentata o uccisa, qualcosa ferisce anche noi, colpisce e umilia anche noi. Questo lo sentiamo con chiarezza quando ci capita di leggere una di queste notizie sul giornale. Certo proviamo compassione, come forse possono provare anche la maggioranza degli uomini, ma per noi, è inutile negarcelo, c'è un dolore in più, profondo e segreto, un dolore speciale.

Di cosa è segno questo dolore speciale?

È segno che nel rapporto tra i sessi c'è qualcosa che va al di là delle persone in carne e ossa, qualcosa di "impersonale" che riguarda tutti.

Ora c'è da dire che c'è una dimensione impersonale in tutti i rapporti umani, anche nei rapporti tra donna e donna, anche nei rapporti tra uomo e uomo. Nessuno di noi è mai tutto lì agli occhi degli altri, e nessuno è mai tutto lì ai nostri occhi. Ciascuno di noi è, in un certo senso, prigioniero della propria storia, educazione, ambiente, esperienze. E quindi ciascuno di noi guarda gli altri con questo bagaglio.

Ma questo è tanto più vero per quanto riguarda il rapporto tra i sessi, cioè quando un uomo guarda una donna e quando una donna guarda un uomo. È tanto più vero perché, in questo caso, c'è un bagaglio in più, e questo bagaglio in più attiene, per quanto riguarda l'essere donna o uomo, al piano simbolico di rappresentazione della cultura a cui apparteniamo.

Che cos'è il piano simbolico di rappresentazione riguardo alla differenza sessuale?

Vorrei spiegarmi con parole semplici. Il piano simbolico di rappresentazione è quella forza che agisce sui soggetti ancor prima che i soggetti esistano. Parlo di "soggetti" perché questo è vero per tutti, per le donne come per gli uomini.

Allora, quando una bambina viene al mondo, secondo l'ordine della cultura a cui appartiene, trova già pronto per lei il "senso" dell'essere donna, quindi, ad aspettarla sono già lì spazi consentiti, ruoli, valori che dovrebbe fare propri, aspettative, tutto indipendentemente dalle sue qualità, attitudini, capacità e più tardi desideri. Tutti si orientano verso di lei, nel bene e nel male, tenendo ben presente che è una bambina e che sarà una donna. Ha già una parte assegnata, insomma. La sua vita, poi, sarà quello che sarà, magari sarà segnata profondamente da una resistenza a questa forza, oppure da un'ubbidienza a questa forza, oppure un po' e un po'. Questo nessuno lo può dire. Insomma è la vita, la vita nella sua molteplicità. Non possiamo dire di più, perché la vita di ciascuno può avere infiniti esiti. A determinare una vita sono anche la sorte, il caso... Ma quella forza sarà sempre in azione.

Anche per gli uomini è così. Anche il bambino trova questo piano di rappresentazione simbolica che gli impone una parte solo apparentemente più solare, in realtà più oscura, gli obblighi anche per lui sono pesanti: l'obbligo della forza, del coraggio, della padronanza, del potere e anche della violenza. Sì, della violenza.

Vedete, questo piano simbolico non è sempre possibile leggerlo nella vita delle persone, ma lo leggiamo chiaramente nel racconto delle origini, nella mitologia, nelle religioni, nell'arte, nell'ordinamento dello Stato, nei criteri di valore che una società si dà.

Nella mitologia, per esempio, la violenza degli uomini sulle donne è molto presente. Vi ricordo che Giove è uno stupratore. Adesso non c'è tempo di dilungarci su questo. Ma la cosa importante da dire è che i miti non sono racconti inerti, hanno, in realtà, una funzione ben precisa, producono realtà sociale, servono, infatti, a dare senso e autorizzazione a gesti e comportamenti.

Lo stupro in guerra è un'azione consentita o addirittura prescritta, è la prova definitiva e inappellabile della sconfitta di una parte e della vittoria dell'altra.

Vi ho parlato di Giove, che potrebbe sembrare lontano, ma potrei ricordarvi fatti molto vicini a noi: la Seconda guerra mondiale, la guerra civile per voi e anche per noi, la guerra tra bosniaci e serbi per nominare solo fatti vicini nel tempo e nello spazio.

I soldati russi durante la loro avanzata vittoriosa in Germania hanno violentato due milioni di donne. Di fronte a questi dati, che solo ora cominciano a essere resi noti, viene da dire che gli uomini si uccidono nel corpo e le donne si possono uccidere anche nell'anima.

Tante donne bosniache sono state ingravidate dai serbi per spregio, perché anche il loro corpo fosse occupato dal nemico. Vi ricordate? Fatti di pochi anni fa, nella civile Europa.

Tutte queste infelici donne non sono passate alla storia, anche se avevano un nome. Sono state violentate semplicemente perché erano donne. Certo avevano un nome, avevano una storia personale, affetti, casa, figli, genitori e speranze. E anche gli uomini che hanno fatto loro violenza non hanno nome, anche loro avranno avuto una storia, affetti, figli, madri. Non erano mostri.

Questo "anonimato" spiega quello di cui vi parlavo all'inizio, che in ogni violenza che le donne subiscono è presente una forza impersonale che è al di là delle persone, una forza che segna profondamente il rapporto tra donne e uomini. Questo impersonale è causa per le donne di quel dolore speciale e segreto di cui vi dicevo, che tutte noi proviamo di fronte alla notizia di una donna stuprata, malmenata o uccisa, quando sappiamo da quella notizia che certo quella donna si chiamava Lola o Maria, che forse avrà avuto anche delle colpe, ma che a giocare in quella situazione è stata una violenza dimostrativa, eccessiva, dalle radici antiche e profonde, che non colpisce solo lei, ma tutte noi in quella parte che abbiamo in comune con lei: l'essere donna.

Detto questo, voglio concludere questa parte di discorso. E la conclusione dura e difficile da accettare è questa: la violenza degli uomini sulle donne, nella sua parte impersonale, è iscritta profondamente, e quindi autorizzata, nelle strutture archetipiche dell'immaginazione della cultura a cui apparteniamo. Questo è vero al di là degli esseri amati e conosciuti, al di là dei nostri figli adorati, dei nostri compagni amati, dei nostri amici cari.

La violenza contro le donne, dettata dal sentimento di padronanza e dominio, può non apparire nelle sue forme dichiarate ed eccessive, ma esiste e appare comunque, magari in forme apparentemente innocue. Per fare un esempio, viene messa in scena serenamente nel rito del matrimonio. È il padre che accompagna la sposa all'altare e la consegna al giovane uomo che sarà suo marito. È lo scambio tra uomini quello che viene messo in scena, a cui noi assistiamo, magari commosse.

E poi, se non ci fossero altri segni, c'è sempre la verità della lingua.

Se qui ci fosse un solo uomo, la correttezza linguistica mi obbligherebbe a rivolgermi a voi al maschile, ma voi capireste che il discorso vale anche per voi. Mentre se, diciamo, per ideologia, per "scorrettezza linguistica" magari fatta come gesto politico, mi rivolgessi al femminile a un pubblico in maggioranza di donne, quei pochi uomini che mi ascoltano penserebbero che ciò che dico non è detto per loro e si sentirebbero estranei al discorso.

Questo per dirvi che la negazione della soggettività femminile, la negazione della donna nel suo essere persona e la conseguente cancellazione della sua presenza, racconta, in un certo qual modo l'immaginario della cultura a cui apparteniamo. Mostra la violenza simbolica a cui le donne sono sottoposte.

Ma c'è da aggiungere una cosa importante, una cultura deve sempre trovare delle giustificazioni ai suoi criteri di ordine e di esclusione. Per questo ci sono dei trucchi, scientificamente non è questa la parola, ma comunque chiarisce abbastanza. Ci sono dei trucchi della mente a cui si ricorre per giustificare l'esclusione, il dominio e anche la violenza. Per dimostrare che quella persona non è in realtà una persona, ma è qualcosa di meno. Ci sono dei trucchi. Per spiegarmi meglio, un trucco usato dai nazisti per suscitare odio ed estraneità nei confronti degli ebrei era quello di raffigurarli e farli quindi percepire come vermi, come topi, come animali, insomma, sottraendo loro umanità. Ecco, pensate per quanto tempo nella nostra cultura la donna è stata raccontata e percepita, appunto, nella sua animalità, nel suo essere più istinto che ragione. Pensate a Eva, la nostra prima antenata, nel racconto dell'origine che fa la religione a cui apparteniamo volenti o nolenti. Eva trascina Adamo nella colpa. Eva ribelle per istinto e conseguentemente portatrice di disgrazia, causa della perdita della felicità. Come quindi non diffidare, non sottomettere, non controllare non essere pronti a punire esseri capaci di tanto? Donne come animali, quindi.

Voi mi direte: "Ma di che tempo stai parlando? Forse nell'antichità, forse nel Medio Evo?". Non solo. Pensate che in Italia le donne hanno avuto accesso alla Magistratura solo nel 1967. Il principale motivo che le teneva lontane era che non erano "atte al giudizio", le ragioni in dettaglio ve le risparmio perché fanno vergogna persino a dirle. Ora, se c'è una cosa nella nostra cultura che separa in modo definitivo e inappellabile gli uomini dagli animali è proprio la facoltà di giudizio.

E a proposito della violenza vera e propria, solo nel 1956 è stato abolito lo *jus corrigendi*, cioè il diritto del marito a esercitare il potere correttivo nei confronti di sua moglie, potere correttivo che comprendeva anche la coazione fisica, in sostanza botte e maltrattamenti. E lo *jus corrigendi* era permesso nonostante un articolo della Costituzione avesse sancito da tempo l'uguaglianza, morale e giuridica dei coniugi.

E ancora. Il delitto d'onore, per cui il marito che avesse ferito o assassinato la moglie sorpresa in "flagrante adulterio" aveva diritto a una fortissima riduzione di pena, è stato abolito solo nel 1981.

E a proposito della sparizione/cancellazione, fino al 1975 una donna sposata che avesse avuto un figlio con un altro uomo non poteva riconoscerlo. Sui registri civili il bambino veniva definito "figlio di madre ignota", quindi sparita, cancellata, inesistente.

A proposito della padronanza e del controllo vi dico una cosa più leggera che fa quasi sorridere, ma che la dice lunga. È solo nel 1975 che in Italia un marito non ha avuto più diritto di leggere la posta della moglie, prima di quell'anno ne aveva diritto, anche se tanti uomini civili, civili più delle leggi che li governavano, non lo facevano.

Dire che la violenza è sempre latente nel rapporto tra uomini e donne è cosa dura. È qualcosa che istintivamente vorremmo cancellare, che inconsciamente vorremmo dimenticare o semplicemente vorremmo non crederci, chiamando a testimoni l'esperienza di tanti uomini buoni e miti che abbiamo incontrato nella vita. Io invece credo che dovremmo imparare a guardare questa verità, perché solo guardandola con occhi asciutti e limpidi, solo conoscendola e riconoscendola là dove si annida in segni pesanti o leggeri, le regole del gioco possono cambiare.

Attenzione, cambiare non solo per difenderci, le donne si sono sempre difese, ma per un progetto più alto, che riguarda tutti, uomini e donne, per fare i nostri rapporti più civili, più autentici. Per sostituire a poco a poco con la reale e materiale presenza reciproca quella parte impersonale tutta piena di fantasmi, di cui vi parlavo, che ancora tanto governa i rapporti tra uomini e donne. È questa una grande opera, quella di sostituire l'idea di convivenza, idea in un certo senso debole esperita già da sempre, con un'idea più forte, con l'idea della compresenza, dove due soggettività si fanno presenti l'un l'altra in piena dignità.

Per questo progetto le donne hanno un tesoro da spendere accumulato nel corso di secoli, che è il loro sapere materiale generato dall'aver visto l'umanità sempre molto da vicino, nel suo splendore e nella sua miseria, nei profumi e nelle puzze. Vedete, io penso che proprio quella che da sempre è stata considerata la schiavitù femminile, servire, curare, consolare, far nascere, vedere morire, pulire, far da mangiare, il loro lavoro oscuro, insomma, l'invisibile della storia, sia oggi un tesoro da spendere. Quando una donna torna a casa dopo otto ore di fabbrica o di ufficio come un uomo, e come un uomo non è padrona del suo lavoro, né di ciò che ha fabbricato o fatto e che, come un uomo, non venderà lei quello che ha prodotto o partecipato a fabbricare e, come un uomo, non conoscerà mai chi comprerà quell'oggetto, né vedrà mai il volto di chi lo userà, in questa perfetta sconoscenza dei modi e degli scopi che non sia il solo stipendio a fine mese. Ecco, una donna dopo tutto questo torna a casa ed è costretta all'enorme fatica, di quello che viene chiamato il doppio lavoro, e mette un piatto a tavola per la sua famiglia, pulisce la casa, infila i panni sporchi nella lavatrice. Vi sembrerà un paradosso ma è proprio questo che la salva, che non la sprofonda in quella solitudine molecolare che il tempo presente offre a piene mani a tutti i non previlegiati. Lo chiamo "lavoro vivo" non in senso marxista ma perché permette la continuità della vita. Quella donna non sarà mai alienata. Ma se anche questo "lavoro vivo" dovesse un giorno, per stanchezza estrema o per un'estrema offesa, apparire agli occhi della donna come lavoro perduto e senza senso, allora c'è la depressione e la follia, allora appare la violenza delle donne, la terribile violenza delle donne, che non si rivolge al nemico o all'altro da sé, ma si rivolge agli esseri amati e a se stessa. Questo, perciò, è uno scenario estremo.

Con questo vi voglio dire che la donna sfugge alle tragiche regole del capitalismo, questo suo lavoro non permette alienazione se non in casi estremi e disperati. Il lavoro vivo, il lavoro oscuro paradossalmente, le dà forza. Come, sono sicura le ha dato forza nella storia per sopravvivere alle tante esclusioni, cancellazioni e violenze. Una donna è fuori dal capitalismo, il capitalismo che monetizza tutto ma che di fronte al lavoro delle donne non è capace di farlo.

La donna, quindi, oggi si trova a essere quel soggetto capace di cambiamento, ha, come vi dicevo, un tesoro, una forza che altri non hanno, da spendere per questo.

Ma quale è stata, dunque, quella forza capace di trasformare la fatica in un tesoro? In una forza di cambiamento?

Prima di rispondere a questa domanda, bisogna ancora dire qualcosa.

Non si cambia mai per buona volontà. Un cambiamento così grande, che riguarda la struttura profonda della società, il suo immaginario, i suoi criteri di valore e le sue regole, non può mai essere oggetto di un programma. Una struttura cambia perché succede qualcosa forse anche di imprevedibile e di inatteso, all'improvviso nella vita, nella testa, magari di poche persone. Dapprima può sembrare un piccolo cambiamento che sembrerebbe riguardare solo la vita privata di pochi. E invece quel "piccolo fatto" può innestare una reazione a catena capace di smuovere l'intera struttura. Tutte le grandi rivoluzioni hanno avuto questa origine. Magari è stata un'idea apparsa nella testa di qualcuno che all'improvviso ha dato senso a condizioni materiali che ne erano prive, o senso diverso da quello già esistente, e ha fatto vedere ciò che prima era invisibile. È incredibile la forza che può avere un'idea.

Detto questo, torno alla domanda. Qual è, per quanto riguarda il rapporto tra donne e uomini, quella forza capace di trasformare la fatica in un tesoro? Qual è l'idea che promette cambiamento?

Vedete, quando sento dire che il femminismo, il femminismo della mia generazione, ha fallito, mi arrabbio sempre tanto. Mi arrabbio sempre tanto quando sento dire che a fare andare avanti le donne sono state le leggi e che, per quanto riguarda la loro libertà, è soprattutto il percorso istituzionale quello che ha contato. Certo, ci sono state tante conquiste nel percorso istituzionale, conquiste importantissime, di cui siamo debitrici alle donne che hanno lavorato per questo. Ma tutto quello che si è conquistato sulla carta, nei diritti, può restare lettera morta se non viene animato da un soffio, in questo caso, non un soffio divino ma, invece, tutto umano. E questo soffio che dà energia è appunto un'idea nuova e forte, capace di cambiare le regole del gioco. Questa idea che, ne sono sicura, oggi è nella testa di tutte le donne è l'idea di felicità. È l'idea di diritto-aspettativa di felicità. Vedete, ho usato una doppia parola, "diritto-aspettativa", in realtà né l'una né l'altra vanno bene, la parola diritto è troppo arrogante, la parola aspettativa è troppo debole. Ce ne vorrebbe una terza che, per ora, non riesco a trovare.

L'idea che una donna dovesse cercare nella sua vita la sua felicità non esisteva. Le donne che hanno fatto questo sono sempre state delle *outsider*. Le donne che avevano desideri fuori dal tracciato consentito e che a questi desideri sono rimaste fedeli, sono state giudicate non bene, sono state giudicate stravaganti, sono state giudicate uomini mancati o donne fallite, comunque pericolose o pazze. Oggi non è più così. Ogni donna, oggi, si sente in diritto di ricercare la sua felicità. E l'autorizzazione a questo oggi la danno soprattutto le madri alle figlie, pur sapendo che le loro ragazze andranno incontro a profonde contraddizioni, che si troveranno a sbrogliare matasse di desideri contrastanti e che avranno delle vite certamente complicate e faticose, ma avranno almeno delle vite autentiche. La ricerca della felicità, infatti, non ci garantisce la felicità, ma certamente ci consegna la verità di noi stesse. Questo è un grandissimo cambiamento.

Questo è il guadagno del femminismo della mia generazione, guadagno enorme, che è passato a tutte le donne, siano state femministe o no. Questa è una rivoluzione così grande che delle volte penso che la ripresa così violenta delle religioni, la loro presenza nella società, oggi, così ossessiva, il confronto violento tra cristianesimo e Islam, siano dovuti soprattutto a questo. Perché il principale argomento di contesa, manifesto o non manifesto, è il corpo delle donne e il loro controllo. Le donne, infatti, occupano una posizione così centrale in tutte le società che un loro cambiamento rappresenta una vera rivoluzione per tutti e una minaccia non solo per l'ordine costituito e per le regole di convivenza date, ma per l'immaginario che vi è sotteso. La ricerca di felicità delle donne è un vero e proprio attacco al cuore del sistema, un vero e proprio attacco alla violenza simbolica.

Ma che cosa ha portato questa nuova e forte idea? Forse balli e canti delle femministe? Perché nei racconti che se ne fanno il femminismo si banalizza anche così, con l'immagine delle donne-menadi, tanto per tornare alla mitologia. Oppure si racconta come un movimento per acquisire maggiori diritti, un movimento contro gli uomini e i loro previlegi. In verità non è stato niente di tutto questo, di uomini si è parlato poco e niente, non erano loro l'oggetto di attenzione. È stata invece una grande esperienza di rapporto con se stesse attraverso le parole delle altre, è stato un grande sforzo di verità reciproca alla scoperta di quei desideri degni di essere chiamati tali. Abbiamo cercato di non nasconderci niente, la miseria delle nostre paure, delle nostre incertezze, del poco coraggio, la miseria di sentirsi senza alcuna autorità. E tra tutto abbiamo avuto il coraggio di guardare e dire ciò che mai prima avevamo guardato e detto, abbiamo guardato e saputo dire la nostra complicità in tutto ciò che ci appariva penoso nella nostra vita di donne. Questa è stata la grande scoperta. Ci siamo viste, per la prima volta complici della nostra oppressione, responsabili della nostra condizione, responsabili del nostro silenzio ontologico, direbbero i filosofi. Ci è apparsa all'improvviso questa verità capace di rovesciare il punto di vista da cui guardavamo al mondo, e cioè che il potere, per essere tale, è sempre un patto, un patto stretto tra chi lo esercita e chi ne solo oggetto. C'è apparso chiaro che il potere simbolico non avrebbe potuto esercitarsi senza il contributo di chi lo subiva.

Arrivare a pensare questo ha significato perdere l'innocenza della vittima. Abbiamo perso, insomma, quella nicchia, quella tana, quel puzzolente sottoscala che ci era sembrato fino a quel momento una casa dignitosa, molto dignitosa. Abbiamo perso l'innocenza. Non ci sentivamo più innocenti. E questo, può sembrare paradossale, ci ha rimesso in mano il mondo. Se anche noi eravamo responsabili di quello che eravamo e di quello che non eravamo, fare qualcosa di meglio dipendeva anche da noi, soprattutto da noi. Da qui è nata l'idea/desiderio della ricerca della felicità. Che non bisognava cercare un posto nel mondo, perché il mondo era già il nostro posto, dal momento che eravamo nate. Perché non si può venire al mondo da straniere, anche se in realtà tutto era organizzato per farcelo credere.

Perdere l'innocenza della vittima. Questo è il punto a cui volevo arrivare. E qui mi preme dirvi quello che io penso dal profondo del cuore. Certo ha colpa un uomo che maltratta una donna, ma, oggi, ha colpa anche la donna che si fa maltrattare. E quella della donna, ai miei occhi, è la colpa più grande. È ancora una volta essere complici di un ordine che non riconosciamo più. Ed è su questo che si deve lavorare, sulle ragioni di questa colpa. Dobbiamo saper vedere e guardare la complicità spesso scandalosa che le donne hanno con gli uomini, che magari si nasconde in false forme affettive, in protezioni ridondanti, in civetteria misera, nel piacere di contemplare la forza, la spavalderia, magari nell'illusione che questa forza possa lusingarci o proteggerci. Saper vedere, guardare tutto ciò è una delle cose più importanti che possiamo veramente fare contro la violenza. Non bisogna chiedere agli uomini di cambiare, noi dobbiamo cambiare e di conseguenza cambieranno anche loro. Le leggi possono far poco per questo. Il più è nelle nostre mani.

Da questa posizione, non sempre bene accettata dalle donne che mi ascoltano, capirete perché non ho mai accettato di parlare in pubblico sulla violenza. Perché sempre mi sono accorta che mi si chiedeva un discorso sulla colpa degli uomini e sull'innocenza delle donne, in definitiva mi si chiedeva una grande cerimonia di autoconsolazione. Ma cosa volete che venga fuori da un atteggiamento del genere? Credersi oggetto passivo di violenza non porta nessuna conoscenza, perché il conoscere è sempre un atto gioioso. Tutte e tutti sappiamo che la violenza esiste e che patirla è orribile, ma la violenza toglie la parola non la dà.

Pensate a una cosa. Come mai il tema della violenza sulle donne è il discorso più accettato dalle istituzioni? Quello su cui i partiti politici sono disposti a muoversi di più, a dare soldi, a creare immagine? Si direbbe che siano disposti a dare grande visibilità alle donne solo quando sono offese. Perché è la violenza il tema politico principe legato alle donne? Io dico falsamente politico. Perché? Perché la verità è che le donne vittime non fanno paura a nessuno e sono la conferma che tutto procede come di consueto. Questo discorso reiterato della politica istituzionale è in verità il tentativo continuo di far coincidere l'identità della donna con l'identità della vittima. Niente di più rassicurante. Normalmente molto si fa per la violenza contro le donne, e poco si fa per le donne. Questo lo considero una sorta di tentato omicidio.

Ma ci sono anche tanti gruppi di donne, non so qui, ma certamente in Italia, che accolgono, curano, aiutano, sostengono le donne che subiscono violenza. Vi devo dire che apprezzo molto il loro lavoro nella sua propria materialità. Sono gruppi che lavorano in modo eccellente, con testa, cuore e anima. Considero tutto ciò una cosa buona e necessaria, ma vi voglio dire con sincerità che non lo considero lavoro politico, cioè un lavoro che porti a un reale cambiamento. Comunque a loro va un mio immenso e appassionato grazie.

Vedete, c'è un grande rischio nel confrontarsi nel dolore, e il rischio è che ci si può veramente appassionare all'idea di essere vittime, ma questa è una passione triste, una passione che toglie le forze e che ci fa fuggire il mondo, ci mette "al chiuso" alla ricerca di calore e consolazione, rischiando di pensare che anche quella sia vita. Saremmo molto preoccupate per un bambino che ci chiedesse sempre e solo consolazione. La consolazione è un buon pane, ma non basta. Ogni buona madre spingerebbe quel bambino nel mondo, ben sapendo che la sua compassione non lo porterebbe lontano.

Dovremmo dare più credito alla nostra esperienza di madri, perché c'è una grande saggezza da spendere nelle cose del mondo in questa esperienza.

Dunque, bisogna spingere le bambine nel mondo, non creando ripari, ma creando forza, perché di tanta forza avranno bisogno, e coraggio. Bisogna amare le bambine di un amore speciale, bisogna raccontare loro la straordinaria storia delle donne che le hanno precedute, le loro guerre silenziose contro lo sporco, contro la fame, il disordine. Bisogna raccontare loro della grandezza dei gesti ripetuti all'infinito, la forza del lavoro delle donne ogni giorno ricominciato. E bisogna dire loro, che oggi quella forza va spesa nel mondo, per fare il mondo più somigliante a loro, ai loro desideri liberi. Questo compito è soprattutto compito delle madri, è loro responsabilità.

Raccontare il mondo a una bambina, che felice vi si affaccia, è un compito penoso, eppure vanno trovate le parole giuste per farlo, riscaldandole non con la consolazione ma con la sicurezza delle aspettative. Far sentire loro che da loro ci aspettiamo molto. E questo non è un trucco, è la pura verità. Per me, almeno, è la pura verità, perché è dalle donne che mi aspetto un mondo migliore nonostante tutto.

Bisogna stare attente, anche che non prenda piede nel loro cuore il risentimento, perché anche questo sentimento rischia di far perdere il mondo. Per questo bisogna raccontare loro che la cordialità e la cortesia del cuore hanno costruito il meglio del mondo, più della forza, più della violenza, più delle guerre.

Esiste una storia veramente degna di essere raccontata alle bambine. Bisogna imparare a raccontarla, questo vale per noi. Noi per prime dobbiamo saper uscire dal risentimento.

E dobbiamo saper uscire anche dalla grande tentazione di ragionare in termini di giustizia. Dobbiamo uscire dalla tentazione della giustizia simmetrica: tanto a te, tanto a me. La giustizia simmetrica è un'aspirazione bassa per noi, dal momento che ci stiamo dicendo che vogliamo di più.

E non dobbiamo neanche cadere nella terribile tentazione di voler suscitare compassione per la nostra condizione, pensando, sconsideratamente che la compassione possa essere una strada, una porta di entrata al mondo. In realtà la compassione non ha mai aperto nessuna porta, il compatito, la compatita sono sempre stati degli esclusi. Voler provocare compassione è la violenza dei deboli.

Questi che vi ho detto sono i criteri a cui ci dobbiamo attenere per agire una politica capace di fronteggiare la violenza materiale e simbolica. Ve li rinomino: educare le bambine alla dignità, saper raccontare loro la storia del mondo attraverso l'esperienza delle donne e, in quanto a noi, imparare a essere orgogliose di questa esperienza, saper riconoscere nella fatica delle donne una grande opera di civiltà, saper riconoscere la complicità, tenersi lontane dal vittimismo e da quello che il vittimismo può suggerire. Non vivere nel risentimento, non cercare la compassione altrui. E soprattutto lavorare alla propria felicità.

Questo è quanto vi posso dire.

Donne contro la violenza*

Per prima cosa vi ringrazio del vostro invito. Vi ricordo che più che filosofa e saggista, come dice la presentazione che fate di me, sono e sono stata soprattutto una politica ed è da questa mia posizione che oggi vorrei parlare.

Comincio con una premessa. In tutta la mia attività politica e di ricerca ho accettato rarissime volte di partecipare a seminari e dibattiti sul tema della violenza. Perché anche nelle migliori situazioni ci si ritrova sempre coinvolte in un vortice di informazioni terribili, di notizie terrificanti che ci arrivano da tutto il mondo e da tutti i periodi della storia. Spesso di fronte a tutto ciò mi sono ritrovata senza fiato, senza forze e senza speranza, a meno che non consentissi a partecipare a quel rito collettivo segreto e perverso che vuole, anche se non era nelle intenzioni di nessuno, costruire l'identità della donna sull'identità della vittima.

Ecco, questo è l'argomento che vorrei trattare dal mio punto di vista: se la violenza e le sue forme possono essere un oggetto di investigazione storica oppure un oggetto di ricerca antropologica. La violenza e le sue forme, car-

---

* Incontro organizzato dal Ministerio de la Mujer, Barcellona, 25 novembre 2005.

nefici e vittime possono essere un tema politico? E specificatamente per le donne, l'essere oggetto di violenza può rappresentare quel terreno da cui far partire la propria soggettività politica? Queste sono le domande.

Per prima cosa devo definire che cosa è politica per me. Lo dice molto bene Hannah Arendt, la politica è uno spazio *tra* i soggetti, è quello spazio dove i soggetti sono in quanto vengono allo scoperto a far parlare le loro esperienze e a dire i loro pensieri. Non lo si deve, certo, immaginare come uno spazio tranquillo, perché è uno spazio dove si vince o si perde, è uno spazio crudo. Crudo vuol dire duro, nutrimento certo ma da masticare molto, contrapposto al morbido del cotto.

Dunque si acquista soggettività, si diventa soggetti politici, nell'entrare in questo spazio aperto e non protetto.

Per significare lo stare insieme in questo spazio si usa normalmente una parola, che viene molto detta in questi tempi, a cui ci siamo in un certo senso abituate, una parola che oggi sembrerebbe centrale nei discorsi della buona volontà: "convivenza". Ci sembra una parola molto democratica, a volte la si accompagna anche con l'aggettivo "civile", "convivenza civile" per meglio significare la qualità buona di questo stare insieme. Ma a dirvi la verità, facendo parlare proprio l'esperienza e la storia di tante donne, il termine convivenza non basta, è debole e ambiguo. Le donne sanno per esperienza che si può convivere incivilmente, e che le convivenze incivili sono molto più numerose di quello che possiamo immaginare.

La convivenza, lo sappiamo, può basarsi sul silenzio di una parte, sulla negazione di una parte, anche sul suo sfruttamento. La parola convivenza allude sempre a una pacificazione, a una pace raggiunta non si sa bene a spese di chi, ma sempre a spese di qualcuno. La convivenza è quindi una figura statica, dove ciascuno ha la sua parte e solo quella, può essere una pace dorata o infernale.

Per significare un ambito politico condiviso la parola "convivenza" non basta. Perché la qualità dello stare in uno spazio politico non appartiene mai alla statica ma alla dinamica. Per questo, come criterio di un buon stare insieme nello spazio politico, è necessario un concetto più forte, e io propongo quello della compresenza. Compresenza, essere presenti gli uni agli altri, farsi presenti. Quindi acquisire soggettività politica vuol dire farsi presenti all'altro, all'altra, mostrando la propria esperienza nella forza del suo essere. E se la politica è quello spazio dove ci si occupa del bene comune, proprio là si mettono a disposizione la propria esperienza, i propri guadagni, il proprio sapere acquisito, la propria forza.

Ora ritorniamo alla nostra domanda. La violenza può essere un tramite per mostrarsi agli altri? Lo spazio che può occupare la violenza può essere quello della politica? Annosa questione, soprattutto quando è posta in luoghi come i nostri, nel mio Paese e nel vostro, che hanno sofferto il terrorismo. Il tema ci porterebbe lontano.

I giovani francesi, perché francesi sono – ed è bene chiamarli così per non dimenticarsene – che incendiano ogni notte le strade delle loro *banlieue*, si stanno mostrando? Stanno quindi facendo politica con le loro molotov?[1] È giusto chiederselo. Io, con il mio criterio che vi

[1] Nella notte tra il 27 e il 28 ottobre, a Clichy du Bois, nella periferia parigina, due ragazzi inseguiti dalla polizia si rifugiano in una centralina elettrica e muoiono fulminati. Scoppia una

ho appena detto, rispondo di no, perché, nonostante l'apparenza, questi giovani non mostrano forza – violenza non è sinonimo di forza – ma solo il loro disagio, la loro infelicità, il non aspettarsi niente da nessuno. La loro esperienza è un buco nero, dove non c'è niente da prendere né da dare. Non viene proposta nessuna visione. Questi ragazzi vengono avanti a mani vuote. Sono quindi fuori dalla politica perché un soggetto politico è tale solo se si fa avanti a mani piene, anche se non ha alcuna intenzione di dare niente a nessuno. C'è sempre da prendere anche da un soggetto ingeneroso, se è un reale soggetto politico. Politico, appartenente alla *polis*.

Ma veniamo a noi. E qua vi dico subito la mia disperazione di fronte a quello che continuo a vedere, dopo anni e anni di politica di donne. Vedo tante energie messe nella denuncia della violenza che le donne subiscono, vedo tante eccellenze femminili ancora impegnate in questo lavoro di accoglienza e cura e vedo attribuire a questo lavoro significato politico. Vi voglio dire con chiarezza la mia posizione: non attribuisco a questo lavoro valenza politica. Porre rimedio con fatti o con parole alla violenza sulle donne, sulle bambine è un dovere di noi tutte. Porre rimedio, offrire riparo, consolare, proteggere sono cose buone, sono cose giuste, necessarie e doverose, ma non ci si può illudere che facendo questo si stia facendo politica, si miri, cioè, a una modificazione di questa situazione. D'altra parte, le statistiche dimostrano

---

rivolta, enormi i danni. Undici giorni di violenze, macchine in fiamme, vetrine infrante, scuole e negozi danneggiati.

che dopo tanti anni di questa cosiddetta politica, nulla è cambiato, anzi la situazione peggiora.

Eppure la violenza sembra essere il tema politico per eccellenza che riguarda le donne. Essere vittime, essere malmenate, essere escluse sono temi che una certa politica delle donne sbandiera con tale ostentazione che sembrerebbe tradire una certa soddisfazione. Come se, se non ci fossero queste terribili realtà, non si saprebbe cosa dire.

Da cosa nasce questo enorme equivoco? Nasce dall'illusione che il dolore, la sofferenza patita possa autorizzare all'"essere", all'"esserci", possa costituire per le donne ragione di cittadinanza piena, diritto di cittadinanza come risarcimento. Suscitare compassione per esistere agli occhi degli altri, illudersi che la compassione possa essere una strada, una porta di entrata al mondo, è un madornale errore. In realtà la compassione, lo sanno tutti, non ha mai aperto nessuna porta, il compatito, la compatita sono e resteranno sempre degli esclusi. E a dir di più, voler suscitare compassione non è un'intenzione innocente perché voler suscitare compassione è la violenza propria dei deboli, l'unico esercizio di violenza a loro possibile. Se, abbiamo detto che i giovani francesi vengono avanti tragicamente a mani vuote, una certa politica di donne ha la pretesa, l'illusione, che mostrare il volto delle donne battuto, umiliato possa servire a dare dignità, ragione, parola e protezione alle donne. E questo non è vero.

È questo il pensiero tragico che sta dietro quella mostra di fotografie inaugurata ieri a Madrid, mostra organizzata dall'Instituto de la Mujer e sostenuta dal Ministerio de Trabajo y Asuntos Sociales. Foto di donne famose che hanno prestato il loro volto a essere truccato come se fosse malmenato, ferito. Vediamo così bei volti, volti noti, insanguinati, tumefatti, stravolti. Ci viene per di più promesso che questa mostra girerà per tutta la Spagna. Che dire, spero che ci sia in Spagna qualche donna che faccia una protesta contro il senso di questa operazione, il senso profondo di questa operazione, che per altro viene spiegato così bene dai suoi stessi autori, due uomini, un fotografo e un pittore, ma che avrebbero potuto benissimo essere due donne, che dicono "Pretendemos que todos sientan que ninguna mujer está exenta de que le llegue a ocurrir".[2] Delle volte la verità arriva senza essere stata convocata. Nonostante le buone intenzioni, il buon cuore, i buoni sentimenti, il senso intimidatorio prende il sopravvento: "ninguna mujer está exenta de que le llegue a ocurrir". Questo è il messaggio.

Come non accorgersi che le istituzioni politiche accettano di buon grado soprattutto questo tipo di politica che riguarda le donne? Che si trovano assai a proprio agio di fronte alla rappresentazione della miseria femminile? Non appare sinistro agli occhi delle donne che partiti di destra e partiti di sinistra, chiesa e laici sono tutti pronti a dare soldi, a mostrarsi generosi con le donne vittime? Si direbbe che tutti siano disposti a dare grande visibilità alle donne solo quando sono offese. La verità è che la donna in quanto vittima è rassicurante. Perché, invece, non si danno soldi alle ragazze per borse di studio di Political Administration nelle più prestigiose università del mondo? Perché non si lavora a immagini positive?

---

[2] "Vogliamo che tutti sentano che nessuna donna è esente dal rischio che questo le accada."

Debbo dire che qui parlo più per il mio Paese che per il vostro.

Apprezzo moltissimo il gesto di Zapatero[3] di aver voluto fare il suo governo con un 50 per cento di donne. Il suo non è stato un gesto di giustizia o di riparazione. Il gesto di Zapatero è un gesto profondamente politico che va dritto al cuore e alla mente di tante donne. Questo 50 per cento non sta a significare la benevola accoglienza alle donne, ma un'idea più forte, che è quella della necessità della presenza femminile al governo di un Paese di uomini e di donne. È stato un gesto di valore simbolico molto forte ma anche molto concreto. Un gesto vero contro la violenza alle donne, più efficace di mille dibattiti, di mille convegni, di mille manifestazioni, di mille leggi di tutela.

Nel mio Paese ancora si discute delle cosiddette quote rosa o di non quote. La verità è che le donne nei luoghi istituzionali non le vuole nessuno, per il semplice fatto che per ogni donna che entra, un uomo deve uscire. È molto semplice la faccenda. Personalmente sono sempre stata contro le quote, perché appunto le vedevo sempre come una concessione, come un gesto falsamente riparatorio. Ora ho cambiato idea. La presenza delle donne al 9 per cento nel nostro Parlamento è qualcosa di veramente grave e allarmante, non per le donne ma per il Paese stesso. Qui il femminismo non c'entra. Un Paese di uomini e di donne non può essere governato da soli uomini, non può essere pensato, progettato, organizzato

---

[3] José Luis Zapatero, presidente del governo di Spagna dall'aprile del 2004, forma, per la prima volta nella storia del Paese, un governo con il 50 per cento di donne.

da soli uomini. Si parla tanto oggi della qualità della vita nelle periferie, nelle città, nelle campagne, dei giovani, del carovita, dei problemi dell'immigrazione e dell'integrazione, ma se non si trova il modo di far parlare l'esperienza femminile dello stare insieme, che poi è quello che fa il vero tessuto connettivo di una società, tutti i problemi che il tempo presente ci pone non troveranno soluzione e continueranno ad aggravarsi.

Ma sapete, prima di tutto di questo si deve convincere proprio le donne. Si deve riuscire a farle rinunciare a quella falsa identità di debolezza e di miseria. Identità che apparentemente sembra una casa dignitosa ma che in realtà è una prigione, un buco nero. E aggiungo anche un'altra cosa che, ogni volta che la dico, suscita tante polemiche: bisogna rinunciare all'innocenza dell'essere vittime, rinunciare all'innocenza, perché la verità è che certo ha colpa un uomo che maltratta una donna, ma oggi, ha colpa anche la donna che si fa maltrattare. Hanno colpa gli uomini a mettere da parte le donne ma, oggi, hanno colpa le donne che si fanno mettere da parte. E ai miei occhi la colpa delle donne è quella più grande.

Bene, vi dico per concludere qual è per me il criterio di una buona politica di donne. È molto semplice: tutto quello che posso raccontare con entusiasmo a una bambina è buono, tutto quello che non posso raccontarle va nella direzione sbagliata. Questa bambina non la porterei mai alla mostra di Madrid, le direi invece con entusiasmo che una borsa di studio l'aspetta, se la meriterà. È un criterio semplice, ma infallibile.

Cosa è stato il femminismo*

Vi ringrazio dell'invito, sempre gradito da parte mia, soprattutto quest'anno che il tema generale è così interessante, "Il volto oscuro delle donne".

Quando ho ricevuto la telefonata di Lola Ausina, che mi comunicava questo tema, sono stata molto contenta, perché mi dicevo che finalmente avrei potuto allontanarmi dal mio discorso consueto che è quello della politica, già pensavo di aprire con voi un discorso diverso, forse più divertente. Ma mentre pensavo a questo e cercavo nuove cose da dire, mi è arrivato l'invito degli incontri dove si leggeva: "Bocchetti: donne e politica". Non vi nascondo di aver provato un certo senso di claustrofobia. Poi ci ho pensato bene e mi sono ricordata che il volto nascosto delle donne è stato molto importante per la loro politica, anzi direi più che importante. Perciò accolgo il vostro invito in modo radicale.

Come tutti i movimenti, il movimento delle donne in Italia è stato profondamente antistituzionale. Lontano dalle istituzioni, e lontano mille miglia soprattutto dalla

---

* Intervento in chiusura del seminario "Il volto oscuro delle donne" organizzato da Mujeres Grandes, Valencia, 1° giugno 2006.

politica dei partiti, con i quali ci sono stati confronti e scontri durissimi, ma sempre a grande distanza.

C'è da dire che la nostra storia, la storia di noi italiane, è stata profondamente diversa dalla vostra. La nostra forte antistituzionalità testimoniava un deciso rigetto dell'ordine costituito e una presa di distanza grandissima da questo ordine e testimoniava nell'immediato una totale sfiducia nella politica tradizionale. Vi parlo degli anni a partire da metà anni Settanta fino ai primi anni Ottanta. Insomma, in questo periodo ci fu, per noi del movimento, una sorta di vera e propria sospensione della cittadinanza.

In questa grande distanza ci garantivamo l'estrema libertà di poter pensare. Pensare veramente, che significa cercare senso per se stesse, per le cose che capitano, cercare senso per la propria storia ed entrare nel mondo del giudizio.

Parentesi. Pensate l'ironia: le donne sono state fuori dal giudizio, la storia fino a quel momento concedeva loro solo di essere "giudiziose".

È stato in questo tempo di grande distanza che si è potuta formulare la domanda: cos'è una donna, cosa vuole una donna? Una domanda rivoluzionaria, perché la più radicale se fatta da una donna a se stessa e alle altre.

Chissà, forse può sembrare strano che alcune donne a un certo punto comincino a chiedersi cos'è una donna. Dando mostra di non conoscersi. Sembra strano, no? Eppure no, quelle donne con questa domanda dicevano a chiare lettere di non riconoscersi più in ciò che la società diceva di loro, in ciò che un certo ordine prescriveva per loro. Questo certo ordine prescriveva non solo comportamenti da tenere, ma pensieri da avere, compiti da rispettare, fantasie da rigettare. Era stato questo ordine a dire, fino a quel giorno, cosa era, cosa doveva essere una donna.

Ora questo ordine veniva abbandonato. Non crediate che sia stato leggero, che sia stato un passo di danza. Porsi quella domanda è stato un gesto anche doloroso, anche spaventoso. Si lasciavano luoghi certi, si abbandonavano porti, ripari, si perdevano giustificazioni, innocenze. Ma si doveva perdere tanto per acquistare un mondo. Tanto si doveva perdere.

Ed è a questo punto che la riflessione comune delle donne ha affrontato il proprio volto nascosto, i luoghi oscuri del cuore. Le verità indicibili, i desideri mai detti, i brutti pensieri, i bei pensieri, la paura per quello strano senso di solitudine capace di cogliere le donne all'improvviso nei momenti più impensati, mentre stai tra la gente o mentre un bambino ti strattona le gonne, mentre dai da mangiare a tutta la tua famiglia e tu stai sorridendo. Quella strana infelicità che ti coglieva proprio nei momenti in cui dovevi sentirti felice, quella strana infelicità segreta, quasi un veleno, che ti costringeva a farti quella domanda senza vie d'uscita: "Cosa ci faccio qui?".

Cosa ci faccio qui? Potevi essere a casa tua o per la strada, a scuola, in ufficio, in Parlamento. "Cosa ci faccio qui?" è una domanda radicale e straziante se ti manca all'improvviso la risposta.

Perché questo era chiaro fin da allora, non si trattava di trovare risposta a questa domanda. Paradossalmente proprio l'assenza di risposta produceva quel vortice che ti portava fuori, quello stordimento che ti faceva nascere. Perché ti accorgevi che per un essere vivente che possedeva la parola, occhi per guardare, cuore per amare, coraggio, speranze, quella domanda doveva sparire. Se qualcuno mi ha messo al mondo, il mondo è il mio posto, se "sono", sono i miei desideri. Epifania.

Le donne hanno cominciato a raccontare, a raccontarsi, quello che non avevano raccontato mai a nessuno, neanche a se stesse.

Affrontare tutto questo è stato il lavoro, il grande lavoro, la grande opera delle donne di mettersi al mondo. È stato un travaglio collettivo.

Senza passare attraverso il lato oscuro del cuore e della mente un soggetto nuovo non può nascere. La donna come soggetto politico, cioè soggetto tra altri soggetti, nasce da questo lavoro, da questo lavorio. Grande dolore e insieme grande felicità, proprio come una nascita, né più né meno.

In quei tempi poteva succedere di innamorarti facilmente di una donna e di sentire legittimo anche per te tornare a toccare il corpo perduto della madre. Ritrovarlo nelle carezze. Anche questo desiderio veniva alla luce. Era un desiderio libero che poco o niente aveva a che fare con le stupide codificazioni sessuali date.

Se devo dire quale era il tema più centrale e forte della nostra riflessione collettiva di quegli anni, devo dire che questo tema era la madre. La madre, luogo fisico e mentale. Con lei per ciascuna di noi in quegli anni c'è stato un corpo a corpo, un corpo a corpo segreto o manifesto, vero o immaginato, ma sempre reale. La madre odiata, amata, negata, ritrovata, maledetta, desiderata, insultata, rimpianta, rimproverata. La madre fonte di desiderio e insieme fonte di delusione profonda, lei che ci aveva fatto nascere ma non aveva avuto la forza di metterci al mondo. E per questo, ricordo discorsi fitti fitti che potevano prendere un'intera notte, lacrime, rabbie, silenzi interminabili che ci allenavamo a sopportare. Vuoti. Sigarette fumate una dietro l'altra.

La nostra fatica più grande è stata mettere al mondo con noi anche la madre. Lavoro insieme paradossale e santo. Abbiamo lavorato per una rappacificazione, per un perdono reciproco. Tutto questo era uscire.

Uscire. Sì, se c'è un verbo che ha la potenza di rappresentare quei movimenti dell'anima è "uscire".

Uscivamo. Stavamo uscendo. Con l'allegria di chi esce e se ne va a passeggio, se ne va alla luce, a prendere una boccata d'aria. Ma c'era anche chi sentiva lo strappo nel cuore dell'abbandonare. C'era tutto questo. Forse per tutte noi c'era tutto questo. Era un miscuglio di bene e di male, ma in fondo sempre la luce.

Se venite a Roma, non tralasciate di vedere un luogo molto bello. Lo chiamiamo comunemente il Cimitero degli inglesi, in realtà è il cimitero dei non cattolici. C'è sepolto anche Gramsci, con Keats, Shelley e altri poeti, letterati, viaggiatori, quando viaggiare era viaggiare e non esisteva il turismo. Viaggiatori, forse uccisi dalla malaria, Roma a quell'epoca, vi parlo del Settecento, dell'Ottocento, era una città malsana.

Vi assicuro che è un posto bellissimo, molto romantico.

Vi chiederete perché vi sto dicendo questo. Perché tra le tante lapidi ce ne sono due, messe vicine dal caso, ma da questa vicinanza arricchite di senso, per lo meno ai miei occhi.

In una, di un signore, è scritto "Amò il bello", segue la data della sua morte avvenuta alla fine dell'Ottocento. Da quella data si capisce subito la natura di quel bello.

Era il tempo dei lunghi viaggi in Grecia, dei viaggi in costiera amalfitana, si intravede l'azzurro di Capri, le visite a dorso di mulo a Pompei, ai templi di Paestum. Il signore era sicuramente un esteta, conosceva il greco e il latino, vestiva di bianco e portava un panama per ripararsi dal sole caldo del nostro Paese. Sembra di vederlo.

La tomba accanto, invece, è di una signora. La sua lapide dice: "Fu figlia, moglie e madre ideale". Seguono date di nascita e di morte. Lei, evidentemente aveva passato la sua vita in un interno. Niente arietta, né brezza mattutina, né azzurro caprese. Lei, con evidenza, era sempre stata in un dentro, e lì e solo lì aveva preso senso, dentro la casa del padre prima, poi in quella del marito e poi nella tomba e infine nelle parole che sono lì scritte.

Al chiuso, insomma, la signora era stata sempre chiusa al chiuso, al chiuso dei luoghi e soprattutto al chiuso del senso. Sì, certo, magari anche lei sarà stata in tutti quei posti meravigliosi dove era stato il signore della tomba accanto. Anche lei avrà viaggiato, tanto è vero che è morta a Roma, nonostante fosse inglese. Ma per lei tutto questo viaggiare non ha avuto lo stesso senso, non ha avuto lo stesso ossigeno. Tanto è vero che se ci immaginiamo, per un moto di generosità o di ribellione o di volontà di risarcimento di scrivere anche sulla sua tomba "Amò il bello", chi si troverà a leggere subito si chiederà, "Il bello? E chi era?". Comincerà a fare quattro conti e si dirà, "No, Rodolfo Valentino, era appena nato. Chi era allora il bello? Byron, forse?".

Uscire, ecco, noi uscivamo non solo dalle stanze chiuse, ma anche e soprattutto dalle ristrettezze di un senso capace di definirci indipendentemente dalla nostra vita, indipendentemente dai nostri percorsi, viaggi, gusti, desideri. Sì, attraversando il nostro volto oscuro, tra lacrime e sangue e una sfrenata allegria – c'è da dirlo: una sfrenata allegria – uscivamo, stavamo uscendo, stavamo prendendo senso per quello che eravamo, non figlie, non mogli, non madri, ma donne, semplicemente donne.

Ricordo uno slogan di quel tempo, particolarmente caro alle mie orecchie e al mio cuore: "Né puttane, né madonne, solo donne".

Sì, noi donne come soggetto politico, siamo nate nel Novecento. C'è voluto l'intero secolo.

Per prime sono venute le nostre bisnonne con le grandi battaglie per il voto e per i diritti civili, per l'uguaglianza, insomma. L'uguaglianza tra i sessi, quella era l'idea che quel movimento di allora ha fatto proprio e messo in campo.

Perché c'è da dire che ogni movimento che cerca un cambiamento produce idee nuove. L'energia di un movimento non è mai soltanto trasgressiva, è sempre un'energia creativa che riguarda soprattutto il pensiero, le idee.

I movimenti producono soprattutto idee, se non le producono sono falsi movimenti. Sono falsi movimenti se si limitano alla trasgressione e alla protesta.

Le nostre bisnonne, dunque, ci hanno lasciato in eredita l'idea dell'uguaglianza tra i sessi. Le nostre madri ci hanno lasciato un'idea più modesta, direi, che è quella della parità.

E poi noi che, avendo affrontato il lato nascosto dell'essere donna, abbiamo lasciato in campo l'idea che chiude il cerchio di questo grande percorso, abbiamo lasciato in campo l'idea di "differenza". Una donna è diversa da un uomo nel corpo e nella mente. Voi mi direte, ma l'idea della differenza tra uomini e donne nel corso di secoli e secoli c'è sempre stata. Certo che c'è stata, ma vi sto parlando di un'idea di differenza "diversa", nuova, che non si definisce per contrari o per complementari, una differenza piena e ricca.

Non sono mai d'accordo quando sento dire che i due sessi sono complementari, io direi che possono essere utili reciprocamente quando riescono a essersi utili. Troppo spesso ho visto dei veri disastri. Nella complementarità c'è sempre la minaccia di una condanna eterna. I sessi non sono complementari, sono uno e uno e restano uno e uno.

L'idea di differenza mette distanza tra i due sessi, ma solo così si rendono possibili incontri autentici. È la distanza che garantisce una vera comunicazione, come per i suoni è necessaria l'aria. Ci vuole aria tra uomini e donne, ci vuole spazio. Questo spazio lo crea l'idea della differenza.

Con l'idea di differenza il movimento delle donne, che ha attraversato con intermittenza tutto il Novecento, ha concluso il suo percorso.

La particolarità di un movimento è anche questa, che, a un certo punto, questa energia creatrice collettiva si esaurisce e lascia sul tappeto le idee che ha prodotto. Queste idee vanno raccolte e vanno tramutate in fatti, uso questa parola nel suo significato più ampio, fatti per realizzare i quali ci vogliono grandi mediazioni, grandi capacità politiche, grandi capacità di ascolto reciproco, tutte doti che non solo un movimento non ha ma che non deve avere per essere tale.

Oggi serve altro, messa al mondo oramai come soggetto politico, il posto di una donna è anche nella politica istituzionale come in tutte le altre istituzioni – anche la famiglia è un'istituzione – con il compito di portare la sua voce. È venuto il momento di farlo. Cambiare il mondo in modo tale che anche una donna ci si possa riconoscere, possa sentirsi a casa. Non è più tempo di sospensione della cittadinanza, è tempo di essere cittadine e di agire come tali. Oggi una donna non si presenta più a mani vuote, ha un'eredità lunga un secolo da rispettare e da far rispettare. Questa eredità le permette di avere la distanza giusta per vedere, lo spazio giusto per muoversi, l'aria sufficiente per far sentire la sua voce. E se per un attimo ancora le potrà venire alle labbra la domanda "Ma cosa ci faccio qui?", non sarà più un dubbio di natura ontologica, ma solo il frutto di un momento di cattivo umore.

Siamo solo donne e uomini*

Cara Paola,

ti scrivo perché mi piace questa tua battaglia *senza riguardi* che stai facendo per la laicità del tuo partito. Tu sai che ho sempre pensato che da quando la politica si è ridotta a una sorta di minuetto, dove il più bravo non pesta i piedi a nessuno, ha perduto la sua funzione. E il fatto che tu sia una parlamentare a non essere impaurita dalle gerarchie, né ammutolita dalla gratitudine, mi fa veramente contenta, che di questi tempi non è poco.[1]

Ma ti scrivo soprattutto per un'altra cosa. Ho letto che, quando Obama[2] ha ringraziato i suoi elettori e tra gli altri ha nominato i gay, ti sei messa a piangere dalla commozione. Capisco benissimo la natura di questa commozione, è dovuta alla forza delle parole. Una parola

---

* Lettera a Paola Concia, Hong Kong, 17 novembre 2008. Paola Concia, deputata del Partito Democratico nella XVI legislatura, dichiaratasi omosessuale, molto nota e amata, ha avuto il pregio di mostrare l'omosessualità come normalità possibile.

[1] Per questo suo stile sincero e coraggioso Paola Concia pagherà in seguito abbondantemente. La politica dei Palazzi non apprezza.

[2] Barack Obama è eletto presidente degli Stati Uniti d'America il 4 novembre 2008.

nomina e ha la forza di fare esistere, di legittimare, di mettere al mondo e, come per tutte le nascite, con la gioia riaffiorano anche le fatiche immense, le umiliazioni subite, le offese, le paure. È stato questo, no? Per te che sei la voce gay del tuo partito. Ma voglio con te fare un passo indietro, per ragionare insieme e cercare di andare a fondo. Conosciamo bene la forza delle parole perché noi, dico noi perché c'eri anche tu negli anni del Movimento nonostante la tua giovane età, abbiamo lavorato molto sulla parola "donna", ne abbiamo cambiato il senso, riempiendola di dignità e di storia. Questo è stato il lavoro del femminismo italiano, un grande lavoro sulle parole e non quella stupida guerra tra donne e uomini che la vulgata ha sempre la pretesa di raccontare. Le donne sono sempre esistite ma noi le mettevamo al mondo, aprivamo spazi di senso nuovo e, tra gioie e dolori, ne abbiamo fatto un soggetto politico. Un nuovo soggetto politico nasce in ultima istanza, come si diceva una volta, sempre da un parto linguistico. Dolori, perché per fare questo mettevamo mano alle nostre vite scoprendo non solo i nostri talenti, cose belle, ma anche cose brutte come falsi desideri, debolezze, vigliaccherie, insincerità, e quel sentimento così tenace e profondo del non piacersi, del non amarsi. Non è stato solo un lavoro teorico, perché man mano la vita di ciascuna cambiava in meglio o forse, per qualcuna anche in peggio, ma meglio o peggio non era questo il nostro criterio, il criterio che ci guidava era essere più prossime alla verità di noi stesse e sapere veramente quello che volevamo. Se metti queste due cose insieme ottieni quel concetto sempre difficile da definire che è la libertà, difficile perché è più un tendere che una condizione, o comunque, per farla breve, una condizione dinamica e mai statica. Tu sai quanto ho lavorato perché questo concetto di libertà passasse nella politica delle istituzioni e quanto questo sia stato un fallimento, quanto è passata invece una visione statica della libertà delle donne. La politica tradizionale non si è lasciata contaminare, né noi siamo state capaci di rompere questo muro. È passata l'idea di proteggere le donne, una buona idea caritatevole, ma non certo un'idea politica, era l'idea più facile, più misera e la più dannosa. Il mondo doveva cambiare e invece le donne sono finite, in un certo qual modo, in un'altra gabbia. Sono impopolare se affermo che perfino i congedi parentali, in un certo qual modo, fanno danno alle donne? Lo penso veramente. La difficoltà di trovare lavoro per una giovane donna, l'atrofia delle carriere femminili, la differenza di stipendio, tutto questo lo dobbiamo anche ai congedi parentali (la beffa più grande poi sono i congedi parentali maschili, un giorno? due? tre?).

Congedi parentali, part time: armi a doppio taglio. Che equivoco! Il mondo deve cambiare: lavoro a distanza, teleconferenze, telemeeting, nidi sui luoghi di lavoro, spostamenti nella città facili e garantiti, assistenza a domicilio per bambini e anziani, una scuola decente a tempo pieno con insegnanti che non siano degli umiliati, case di riposo che non siano ghetti, una sanità legata al territorio che funzioni, stipendi più alti. Insomma investire in modo determinato sui servizi significa investire sul lavoro delle donne. Certo, significano soldi, soldi che non si troveranno mai se a questi obbiettivi non viene riconosciuta una priorità, un'urgenza *civile*, e se le interessate staranno ancora lontane dalla politica e lontane dal governo di questo Paese. E guarda che si può stare lontane dalla politica anche sedute in Parlamento! Perché ti dico tutto questo? Per invitarti a non dimenticare che esiste una forza che vuole mantenere un ordine, potrebbe sembrare semplicemente l'inerzia della storia, ma non lo credo. Questa forza vuole che le donne restino le donne di sempre, prigioniere o protette, meglio povere, e che niente cambi anche se sembra di sì.

Questa forza impersonale, perché prodotta da un sistema, vuole anche che gli omosessuali siano omosessuali e non uomini e donne come sono in realtà, vuole che siano gente diversa, che abbiano i loro luoghi, i loro bar, le loro idee, magari i loro partiti, i loro sindacati.

Insomma questa forza vuole separare non perché sia resa manifesta la pluralità e quindi la ricchezza della natura umana, ma perché si producano dei confini con i quali si possano regolare e controllare rigidamente gli scambi tra gli umani e si possano separare i *normali* dagli *anormali*, i *bianchi* dai *neri* e così via. Bisogna saper lottare contro questa forza e non è creando un mondo a parte che se ne viene a capo, né creando categorie aggiuntive. Gli omosessuali sono prima di tutto uomini e donne, i loro diritti sono quelli di chi partecipa della condizione umana, che sono molto semplici, amare e poter essere amato, condividere la vita con chi si ama, curare ed essere curato. Non c'è molto da aggiungere. Una buona società dovrebbe rendere questo possibile, non nel senso di affermare dei diritti a parte, ma semplicemente ampliando la libertà di ciascuno e ciascuna. Perché quindi vuoi partecipare a produrre eventi come le Olimpiadi degli omosessuali? Non ce n'erano forse di omosessuali a Pechino? Capisco le tue lacrime per la frase di Obama, la tua gratitudine. Ma ricordiamoci che essere nominati non basta, che esistere non basta per essere soggetto politico, noi donne ne sappiamo qualcosa. Un soggetto politico è tale solo se riesce a modificare la realtà di tutti. Ma questo penso che ti sia già chiarissimo. Tu sai come la penso, amare una persona del proprio sesso può essere una grande opportunità nella vita, non la considero quindi né una scelta, né un destino. Penso che a tutti potrebbe succedere, ma questo nessuno lo dice, perché forse è proprio questo che fa paura. La figura perturbante è colui o colei capace di amare uomini e donne, ma questa è la figura che si tace, il non detto, il non ammesso, il non previsto, eppure secondo il mio punto di vista, se il cuore è sincero potrebbe davvero essere un'esperienza di tutti. Ma l'ordine comanda e ci dice che non siamo uomini o donne, siamo froci o lesbiche. Invece ci dobbiamo sempre ricordare, almeno noi donne, che la differenza sessuale, si ami chi si ami, è la prima della condizione umana, differenza ineludibile. Questa sì che ha un potenziale enorme di politicità, per la maggior parte ancora inespresso. Il percorso della libertà inciampa sempre proprio dove ci si divide, dove si vuole fare caso a parte, dove si danno ruoli e compiti, dove si vuole falsamente previlegiare e proteggere. Ci dobbiamo ricordare che ogni volta che sentiamo l'impulso di aiutare, dobbiamo anche affrettarci a capire cosa c'è da cambiare a monte, e che la gratitudine, che è un sentimento umano per eccellenza, non può essere sempre un criterio politico.

Forza e coraggio. Ti voglio bene.

2009-2010

Una forte crisi economica si abbatte sulla vita di tutti noi. Non è solo l'Italia a soffrirne, è il mondo intero. A tutti e tutte appare chiaro finalmente il senso di una parola che di questi tempi si sente pronunciare sempre più spesso: globalizzazione.

Al governo c'è ancora Berlusconi, riconfermatissimo alle ultime elezioni. Non ha importanza se è plurindagato, accusato di corruzione, falso in bilancio, evasione fiscale, rapporti con la mafia. Alla maggioranza degli italiani piace, piace forse proprio per questo. È furbo. La furbizia, se per lungo tempo è stata un'attitudine borderline tra il bene e il male, adesso decisamente è diventata una grande qualità da spendersi soprattutto in politica.

*Il Foglio mi chiede un parere sull'*affaire *Polanski. Roman Polanski, regista apprezzato da tutto il mondo, una vita difficile ma anche piena di successi e riconoscimenti, si ritrova con una condanna per una violenza sessuale con ausilio di sostanze stupefacenti compiuta nel 1977 a Los Angeles. La ragazza era minorenne, aveva tredici anni. In Svizzera per ritirare un premio, Polanski viene arrestato. Gli amici di tutto il mondo si mobilitano. Tante sono le giustificazioni portate, fino a quella di una nobile intenzione di* paideia *da parte del regista.* Paideia, *termine greco il cui significato originario è educazione, formazione umana dei fanciulli.*

Intanto i salari si abbassano, il lavoro si perde e come in ogni crisi economica la vita delle donne si fa più difficile. I bilanci annuali dello Stato registrano pesanti tagli soprattutto ai servizi, all'istruzione e alla sanità. Le donne si trasformano sempre di più in welfare vivente. Ma ufficialmente il loro problema è sempre la violenza, di altro non si parla nei media. Nella pubblicità e nelle televisioni la donna torna a essere coscia lunga e tette al vento. La novità è la bocca modello pneumatico.

In tanti dall'Africa cominciano ad arrivare su dei barconi sgangherati in cerca di una vita migliore. Soprattutto uomini, ma anche donne e bambini. Tra loro qualche ragazza incinta, che racconta col corpo il segno della sua particolare odissea. La politica si divide in buoni e cattivi, chi accoglie, chi respinge.

Nessuno si fa carico veramente con saggezza, misura e senso pratico di quello che sta succedendo.

Le donne non sono in Paradiso ma fanno miracoli[1*]

Ci sono femministe italiane autorevoli che dicono di sentirsi felici perché, certo, il mondo va peggio ma per le donne va meglio. E come succede allora che, pur essendo femminista anch'io, invece sono arrabbiata nera perché mi sembra al contrario che le donne vanno male, malissimo? E che, di conseguenza, anche il Paese vada male malissimo?

Ogni volta che sento dire che il femminismo non è servito a niente dico che non è così. Il femminismo come tutte le rivoluzioni vere ha prodotto un'idea, un'idea che ormai sta nella testa di tutte le donne, di ogni classe sociale, di ogni grado di istruzione, da Nord a Sud. È un'idea semplice, apparentemente innocua, ma che ha la forza di spaccare qualunque ordine non la contempli. L'idea è questa: ogni donna ha il diritto alla ricerca della sua felicità. È un'idea nuova ed è già al lavoro.

---

[*] Dai miei appunti, leggendo *Al mercato della felicità* di Luisa Muraro (Arnoldo Mondadori Editore, 2009). Filosofa, figura autorevole del femminismo italiano, autrice di numerosi libri che restano pietre angolari per il pensiero delle donne e della filosofia tutta.

È una grande conquista, il più grande risultato di tutte le rivoluzioni che sono state fatte in questo mondo, perché libera potenzialmente non una classe sociale, non una generazione, ma metà dell'umanità.

Ma la ricerca della felicità non è già felicità. La ricerca della felicità è lavoro, è trasformazione continua dell'esistente, agire la libertà, è fare politica piuttosto che fare atto di contemplazione.

Un tremendo errore in cui possiamo incorrere è quello di pensare la libertà delle donne come cosa giusta, come cosa giusta in sé e quindi una volta conquistata anche se solo come possibilità, si ritiene conquistata per sempre. Non è così, per gli uomini, tranne pochi amici, la libertà delle donne non è giustizia, è abbandono, disordine o, al minimo, sgradevole sorpresa.

Se ci lasciamo tentare dalla possibilità della contemplazione, rischieremmo di non accorgerci della violenta campagna di controriforma di cui le donne, la loro ricerca, le loro libertà sono oggi oggetto. E le controriforme, la storia insegna, possono riuscire. Niente è dato una volta per sempre, almeno così penso io. E non c'è giustizia al di fuori delle parti a cui appellarsi.

Un gesto da controriforma lo viviamo quotidianamente in questo periodo: le donne rappresentate come vittime di violenza e, come vittime di violenza, passare dalla pagina della cronaca alla pagina politica dei nostri quotidiani. Questo passaggio potrebbe quasi sembrare un'attenzione speciale e nuova verso il corpo delle donne, ma ci si accorge presto, che il corpo delle donne è solo un pretesto per lotte di bassa qualità tra una destra ansiosa di sempre maggiore affermazione e una sinistra che si difende come può. I veri argomenti sono altri: l'immigrazione, il controllo del territorio, i rapporti con il Vaticano... Là gli scontri sono forti, ma, per quanto ci riguarda, le due parti, destra e sinistra, dicono la stessa cosa. Entrambe hanno la pretesa di risistemarci nel vecchio senso antico. Una parte grida: "Difendiamo le nostre donne", così le donne ritornano proprietà, mogli, madri, sorelle, figlie, senza nessun valore in se stesse. E l'altra parte, la sinistra, grida: "Non da sola", che è la frase di una campagna contro la violenza sessuale che ha tappezzato i muri delle nostre città, come promessa cavalleresca di sempre affiancarci e di non lasciarci mai. "Non da sola" è la frase che mi diceva sempre mia madre ogni qualvolta le sottoponevo un progetto di libertà anche minimo, come una passeggiata al parco, un giro in bicicletta, un viaggio.

Risultato: tante donne impaurite, disorientate e depresse. Quello che si voleva: rimettere le donne di fronte alla loro immagine più misera e più indifesa, per ricordare loro che non andranno troppo lontano. Certo, questa è solo rappresentazione, è il simbolico maschile che dà guerra, noi lo sappiamo, ma a questa rappresentazione assistono le giovani donne, le giovanissime che escono dall'infanzia piene di speranza e di attese, che si sentono forti e pensano che il mondo spetti anche a loro. Per loro questo è veleno.

Oggi possiamo essere felici? Direi di no. Intendo: possiamo essere felici di noi stesse? Direi di no. Qualcuno ha parlato in questo contesto di un silenzio assordante delle donne, e aveva ragione.

Destra, Sinistra. Non sono d'accordo con la visione di una destra tutta cattiva e una sinistra tutta protratta al bene. Sarà che non riesco a vivere solo nel mondo delle idee. In quell'insieme che fanno il Popolo della Libertà, con il popolo del Partito Democratico, con il popolo della Lega e con gli altri piccoli popoli, che non posso nominare tutti, ci sono 74.000 stupratori e 570.000 uomini che picchiano le "loro" donne, tutti non puniti tranne pochi sfigati. Queste cifre sono calcolate per difetto.

Tranne pochi sfigati, perché? Perché anche in presenza di leggi che puniscono ci sono le abitudini che consentono, ci sono i "costumi" e i costumi sono più forti delle leggi. Di questo il femminismo ha parlato tanto e ha concluso, a suo tempo, che per cambiare gli altri bisognava prima cambiare se stesse, per ottenere rispetto bisognava prima imparare ad avere rispetto di sé. Ha registrato la società il rispetto di sé delle donne? Non direi, basta accendere la televisione per mettersi le mani nei capelli, l'immagine femminile è quasi sempre disastrosa: belle, bellissime, tacchi a spillo, tette in mostra, labbra modello pneumatico perennemente in posizione di offerta, magari anche leggendo le notizie del telegiornale.

Nell'epoca della mia infanzia si parlava a mezza bocca di "avventuriere", che solo il nome faceva sognare. Erano donne mitiche capaci di far fuori immense fortune, oggi invece ci si accontenta di poco, una particina qua e là, magari in una fiction, oppure, è la miseria dei nostri tempi, un seggio in Parlamento o un Ministero.

La nostra società nonostante un femminismo profondamente politico, come è stato quello italiano, non ha registrato la presenza delle donne in niente. Perché dovremmo essere felici?

Luisa Muraro, che ascolto sempre con grande attenzione, parla molto dei desideri delle donne. E quali sono i desideri in chiaro delle donne? Perché in quelli "oscuri" le donne, secondo me, se la sono sempre cavata meglio. I desideri in chiaro sono: crescere in un mondo non ostile, trovare lavoro, essere pagata per quanto si vale, fare carriera se si ha voglia, essere rispettata, riuscire ad avere dei figli, se si vogliono, senza dover rinunciare per questo al lavoro, avere una scuola affidabile e ben organizzata, un'università eccellente, assistenza per gli anziani, avere una casa il cui costo possa essere proporzionato al proprio stipendio, una città di più sicura convivenza, la certezza della pena per chi commette reati. Niente di tutto questo è stato raggiunto. Basterebbe muoversi dalle necessità delle donne per fare un ottimo programma di governo, naturalmente in questo governo di donne ce ne dovrebbero essere tante, tante da imporre priorità nuove.

Ho sempre pensato che il "cosa vuole una donna" avesse l'energia politica di una pila atomica. Eppure questa energia è rimasta inespressa e in questa società, dove ancora non è registrata la loro presenza, le donne si arrangiano come possono, "fanno miracoli", mentre la sinistra sembra essere impegnata in una pratica suicida.

Dovrei essere felice per questo?

Le maestre che, instancabili, sono impegnate nella grande opera civilizzatrice, di cui racconta giustamente ammirata e commossa Muraro, nel nostro Paese vivono sulla soglia della povertà. E la crisi economica mondiale, che riguarda tutti, si abbatterà soprattutto sulle spalle delle donne, lo sappiamo.

Come si fa a dire che le donne stanno meglio, mentre il mondo va in rovina, senza credere al Paradiso? Me lo chiedo e richiedo.

Da approfondire.

Donne, ci vuole governo, l'indignazione non basta[*]

Care donne, perché proprio noi dovremmo sentirci "indignate" dalle squallide performance sessuali vere o inventate del nostro Primo Ministro? La dignità dell'essere donna non dipende certo dalla volgarità, dal non rispetto altrui. La dignità delle donne c'è, per prima cosa per essere semplicemente venute al mondo a condividere l'esperienza umana e poi per l'enorme lavoro di creazione, di mediazione, di organizzazione che è la nostra specialità, imprescindibile per l'esistenza di una società.

Personalmente non credo che in questa deplorevole situazione, in cui il nostro Paese si trova, rischiamo di tornare indietro. La coscienza che tante donne hanno guadagnato non si può perdere così, né si può perdere la libertà che per prima è stata guadagnata dentro di noi. Certo possiamo soffrire di più, ma anche la sofferenza può essere un'opportunità. È questa, mi sembra, la nostra situazione attuale.

Ci vogliono indignate, indignate come signore in un salotto vittoriano alla notizia che sono parenti delle scimmie. Ma non è più quel tempo. Ben sappiamo che l'indignazione è un sentimento impolitico per eccellenza.

---

[*] *L'Unità*, 2 settembre 2009.

Né indignazione, né protesta, né vittimismo quindi, ci vuole molto di più. Ci vuole governo.

Ma che cosa è governare? Governare, per prima cosa, è far sì che la società registri la presenza di soggetti nuovi. Ogni classe sociale che si è affacciata alla storia ha governato cambiando l'assetto della società, facendo registrare nuovi bisogni, dando nuove idee, modificando priorità. Ricordiamoci che noi non siamo una classe sociale, siamo molto di più. E abbiamo già governato. Questo sì che non ce lo dobbiamo dimenticare. Abbiamo governato quando abbiamo fatto passare la legge sull'aborto, lì il nostro Paese per la prima volta è stato costretto a registrare la nostra presenza, le nostre priorità, la nostra visione del mondo. Non era certo una visione di morte, come tanti vorrebbero farla passare, ma una visione di amore profondo per la vita, di tante donne che sarebbero scampate alla morte e di bambini che sarebbero nati desiderati e in condizioni di vita decorose. Abbiamo avuto la forza di imporre la nostra visione (e se oggi qualcuna di noi può sentire in sé un rimpianto o forse anche pentimento, ricordiamoci sempre che è affare nostro, non dello Stato) Vedete quanto è ancora attaccata questa legge, attaccata con astio, con risentimento, perché è stata una legge voluta profondamente dalla maggioranza delle donne che conoscono le umane cose, come mai gli uomini conosceranno. Sì, c'è un abisso tra donne e uomini, un abisso fatto di natura, di storia, di sofferenza. E questa sofferenza che tanta paura mi faceva quando ero una giovane donna, adesso io la rivendico con tutto l'amore e la pietà di cui sono capace. C'è chi dice che questo è tempo di amicizia tra donne e uomini, sono proprio d'accordo. L'amicizia è un sentimento che pone condizioni, non si dà mai per niente. Che venga il tempo dell'amicizia, perché il tempo dell'amore non ha dato i frutti sperati.

Non ci vuole indignazione, ci vuole governo.

Non illudiamoci che ci sia qualcuno a cui delegare la nostra parte. La "sinistra" – si potrà ancora dire questa parola? – è stata una grande delusione, la destra fa il suo mestiere. Ma in verità questo è un Paese che ormai non ha né destra né sinistra. E noi non abbiamo alleati "naturali", facciamocene una ragione, abbiamo sì amici, un po' qua e un po' là. E con questi amici ci dovremo arrangiare. La Chiesa poi non ha mai veramente amato le donne.

Quali sono state per noi le mancate occasioni di governo? Certamente la legge sulla maternità assistita[1] che ha avuto la pretesa di ridurre il nostro corpo a contenitore, a "disprezzato" contenitore, perché chi propone l'impianto di un embrione forse malformato è semplicemente uno che disprezza il corpo di una donna, che disprezza la vita e per di più è un sadico. La libertà di coscienza che la "sinistra" ha lasciato ai suoi parlamentari per votare questa legge ancora mi offende e purtroppo la dice lunga sul suo futuro impossibile.

Tante occasioni di governo abbiamo mancato. L'ultima, quella buffonata del testamento biologico che abbiamo sul tappeto in questo momento.[2]

---

[1] Legge 40 del 19 febbraio 2004.

[2] Disegno di Legge sul testamento biologico, approvato al Senato il 26 marzo 2009. Non ammetteva la sospensione dell'alimentazione e dell'idratazione artificiale.

E poi? E poi c'è il Paese, che riguarda anche noi, non ce lo dimentichiamo, perché noi ci siamo, ci viviamo, ci lavoriamo, ci paghiamo le tasse. E poco ci importa quello che fa Berlusconi nelle sue cenette, se nelle cartelle dei nostri bambini dobbiamo mettere la carta igienica, se gli asili nido sono carissimi, se le banche sono in stretta creditizia, se la ricerca non viene finanziata, se le maestre e gli insegnanti sono sull'orlo della povertà, se la televisione fa schifo, se esiste una corruzione capillare, se governa un sistema "di amici" e non di meriti, se c'è una politica che governa perfino le assunzioni di chi spazza le strade, se l'università fa scappare i più bravi, se gli omosessuali vengono picchiati per la strada, se l'informazione viene addomesticata, se "chi se ne frega del paesaggio"... e poi le ronde,[3] chi se lo sarebbe immaginato! E i dialetti, gli inni, potrei continuare.

Sì, non indignazione, serve governo, care compagne mie. Contiamoci per contare, ma per contare veramente, senza andare dietro a nessuno, per dettare le nostre condizioni. Incontriamoci per fare un programma per una vita migliore.

Possiamo farlo perché – sembra un paradosso – potrebbe essere questo il nostro tempo.

---

[3] Roberto Maroni (Lega), ministro dell'Interno, introduce le ronde, comitati di volontari a supporto della Polizia di Stato per il pattugliamento del territorio. Legge n. 38 del 28 aprile 2009.

Ma cosa vuole un uomo?*

Chissà, forse è solo la sessualità maschile che va interrogata. Non c'è da lambiccarsi tanto il cervello, da fare ipotesi, da cercare contesti giustificatori. Polanski è stato giocato dalla misura e dismisura, dal paradiso e inferno della sessualità dei maschi, dei maschi della specie umana, intendo. Una sessualità che non cerca la complementarità, che non cerca la differenza ma solo l'inferiorità dell'essere a cui si rivolge. Questa è la regola perché il teatro cominci. L'inferiorità è l'ingrediente necessario, se manca, manca tutto. Inferiorità che si può declinare in tanti modi: nei modi del potere, del denaro, della cultura, della forza fisica e anche del simbolico – per gli ignoranti morti di fame privi di altre risorse concrete il simbolico basta e avanza, perché essere uomini in questa società è pur sempre un valore. E, attenzione, un passo più avanti, ma solo un passo più avanti nella stessa direzione, c'è la tenera età dell'oggetto del desiderio, la sua piccolezza, la sua freschezza, le sue coscette, le sue manine, il sesso nuovo e profumato. Solo un passo più avanti verso l'abisso.

* Raccolta di pareri sull'*affaire* Polanski, *Il Foglio*, 21 ottobre 2009.

Uno scambio tra pari con gli uomini è impossibile. Per le donne della mia generazione far alzare l'uccello a un uomo è stata un'impresa, in tante hanno rinunciato. Ma quando dico della mia generazione, forse mi allargo troppo, parlo in realtà non di tutte, ma delle donne emancipate, colte, autonome, che si sono fatte consapevoli della loro dignità e anche della loro voglia di scopare. Prima regola: non mostrare il proprio desiderio, se lui si accorge del tuo desiderio è molto probabile che il suo non sopravviverà. Seconda regola: i giochetti, i sublimi giochetti. "Facciamo che sei la cameriera, che mi porti la colazione a letto", "la bambina" (ecco la bambina!) che recita la poesia di Natale", "facciamo che sei una perfetta sconosciuta incontrata sul treno", "facciamo che sei una cieca e vai a tentoni e ti ritrovi co' 'sto bel cazzo in mano", "che sei una puttana", "che sei la mia segretaria". E poi magari la segretaria se la sposano davvero, in seconde nozze.

Ma il teatro può esser più complicato, può arrivare a una vera e propria *mise en scène*. Allora il gioco si fa più serio. Ricordo quel caso emblematico, riportato poi dalla cronaca, in cui la donna era legata al letto e lui, in piedi nudo su di un armadio antistante si sarebbe dovuto gettare come un satanasso su di lei, e che invece sbagliò mira o si ruppe l'armadio o fu poco agile nel salto, non ricordo bene, insomma finì per terra e, battendo violentemente la testa, perse i sensi. Solo i lamenti di lei, prima flebili, poi angosciati e poi definitivamente disperati riuscirono ad attirare l'attenzione dei vicini che chiamarono la polizia, che si ritrovò stupefatta di fronte a una scena alla Stieg Larsson in versione assolutamente pecoreccia. Naturalmente tutto questo può essere rovesciato, non per desiderio femminile, badate bene, ma sempre per il suo di lui. Cambiando l'ordine dei fattori il risultato non cambia. Qui siamo già nel patologico dove il servo, e tante volte anche la serva, è lui, il bambino cattivo che va punito è lui, così il giovane SS pentito eccetera, eccetera. E magari sarà lei a dover volare giù dall'armadio. Non ha importanza se non si ha il *physique du rôle*, qui l'immaginazione è tutto, ma le botte devono essere vere.

"Insomma una grande fatica!", così mi diceva una mia amica che faceva la vita. "Fare la vita", una significativa metafora, come se la vita non fosse che questa, come se nel mestiere di puttana fosse racchiuso il senso del destino femminile. Lei certo conosceva bene gli uomini, ma io a quel tempo ero una giovane donna che credeva fermamente nell'uguaglianza tra i sessi. Come darle retta quando mi diceva: "Ficcagli un dito nel culo e dagliela il meno possibile"?

A quell'epoca ero una giovane donna che pensava che, con l'espressione di una sessualità femminile più libera, la prostituzione un giorno sarebbe sparita, non sapevo ancora che fosse un vizio dell'anima. La mia nuora cinese mi racconta che la terribile usanza di non far crescere i piedi alle bambine dipendeva dall'enorme piacere che gli uomini provavano a vedere le donne camminare dondolando che appena si reggevano in piedi. Nella debolezza dell'altro gli uomini hanno sempre celebrato la loro forza. La debolezza dell'altro da sé è per loro una necessità, la fonte della loro identità. Una miseria. Ma da dove nasce questa miseria?

Alcuni dicono dalla natura. I maschi lottano tra loro per il possesso della femmina, è legge universale, così si racconta. La verità invece è che le femmine degli animali saggiamente si accoppiano solo con i più forti. Ma che dire di noi femmine della specie umana, noi che riusciamo ad amare anche i gobbi?

Hawking, il famoso scienziato inglese, interrogato sul futuro della terra ha risposto: "Non ci sarà futuro, se non troviamo presto rimedio all'aggressività umana". Mi chiedo spesso che giorno era quando una X del cromosoma umano si è trasformata in Y ed è apparso sulla terra un uomo. Era una bella giornata? Pioveva? Tirava vento? Faceva caldo o faceva un freddo cane?

Spiegare a una bambina il mondo è la cosa più difficile e dolorosa che mi sia capitata. La tremenda pedagogia del non fare, del non andare, dello stare attenta, di non essere troppo gentile, di non parlare agli sconosciuti, di sedersi a gambe chiuse, di stare composta, del "ti possono far del male", di metterle paura. Fare in modo che quasi sia la sua paura a proteggerla è un delitto. È straziante vedere una bambina capire a poco a poco. Fa male all'anima. Dolore immenso. Di questo non perdono Polanski, di questo non perdono gli uomini come lui, né le donne e gli uomini che lo difendono.

Paideia? Non mi fate ridere.

La persona e il sacro*

Non credo che il pensiero sia neutro, che a uomini e donne sia possibile pensare negli stessi modi e forme.

Chi non percepisce la differenza nella storia tra l'enorme produzione di pensiero degli uomini e l'esigua produzione di pensiero delle donne?

Per trovare una spiegazione dobbiamo certo pensare alle condizioni materiali della vita delle donne nella storia, alla loro schiavitù, alla loro sottomissione, alla loro non libertà, alla loro miseria, ai loro compiti storici: pulire, curare, mettere al mondo figli, consolare, nutrire, piacere e dare piacere.

Tuttavia anche la maggioranza degli uomini nella storia è stata profondamente oppressa, sono esistiti gli schiavi, i servi, i miserabili eppure tra di loro tanti, alcuni anche in condizioni pietose e difficili hanno prodotto pensiero, hanno potuto lasciare traccia di sé. Il mondo è pieno dei loro segni. La miseria materiale non riesce a fornire fino in fondo le ragioni di questo divario. Dobbiamo cercare altrove, su un altro piano, un piano immateriale. Solo così può palesarsi quella che per me è la ragione delle ragioni: che la condizione umana femminile

---

* Convegno "Simone Weil a Roma", Casa internazionale delle donne, Roma, 30 gennaio 2010.

per lungo tempo non è stato luogo di verità spendibile nel mondo. L'accadere in un corpo di donna, nella cultura a cui apparteniamo, è stato per lungo tempo della storia un'esperienza muta. Per dirsi c'erano le parole dell'altro e l'altro aveva segnato di sé fino all'immagine di Dio.

Questa negli anni più ricchi della produzione teorica femminista l'abbiamo chiamata miseria simbolica, vivere in un mondo dove la propria esperienza profonda non ha significato perché resa insignificante, insignificante anche alle donne stesse. Sembrerebbe una condizione indolore ma nella realtà la prova della sofferenza resta nell'esigua produzione di pensiero femminile, perché, come dice Simone Weil, quando il pensiero non esiste vuol dire che non è libero. Per Simone Weil pensare è la facoltà umana per eccellenza di tutti, uomini e donne. Ma nel momento stesso in cui ci si accorge di questa miseria così radicale e spesso così nascosta, questa miseria sparisce perché la consapevolezza di questa condizione è già l'inizio della sua fine. Uscire da questa miseria è stato il lavoro degli anni del nostro femminismo. Ma questa è un'altra storia, oggi non siamo qui per raccontarla anche se un giorno varrebbe la pena raccontarla bene soprattutto alle giovani donne.

Tutto questo per dirvi che ritengo il pensiero di Simone Weil il pensiero di una donna.

E adesso una piccola storia. Il tema di questo nostro incontro è il testo di Simone Weil *La persona e il sacro*[1] che verrà letto dopo il mio intervento. Ho accettato la

---

[1] Simone Weil, *La persona e il sacro*, Adelphi, 2014.

proposta di Pia Mazziotti[2] non solo per celebrare questo testo che è uno dei più significativi del pensiero del Novecento, ma anche per celebrare una lettura che facemmo di questo testo proprio qui in questo palazzo tanti anni fa. "Celebrarlo", non a caso ho scelto questo verbo, perché questa lettura fu un evento straordinario il cui ricordo resta ancora nel cuore e nella mente delle donne che parteciparono.

Chi eravamo? Eravamo un gruppo di donne diverse l'una dall'altra, com'era sempre il pubblico del Centro Culturale Virginia Woolf. Tra noi c'erano donne plurilaureate e donne che avevano frequentato solo le elementari, donne ricche e donne povere, donne giovani e donne anziane, tutte attente a non perdere una virgola, pronte a offrire la propria esperienza per capire meglio. Solo un grande pensiero può sperimentarsi con un pubblico così diverso, così improbabile e difficile.

La persona e il sacro non era stato ancora pubblicato in italiano, lo leggemmo traducendo frase per frase. Una donna del gruppo si offerse di tradurlo. Quel giorno nessuna volle interrompere, così decidemmo di andare avanti a oltranza. Si dovettero fare degli aggiustamenti, avvertire a casa che non si sarebbe tornate a cena, organizzare il rientro per chi abitava lontano.

---

[2] Pia Mazziotti, femminista, instancabile organizzatrice di occasioni per far conoscere figure femminili e il loro pensiero. Negli anni Settanta, per un impulso idealista, sceglie di entrare nel Comune di Roma con la qualifica di operaia pur essendo laureata, cosa che le impedisce di avere una carriera brillante come merita. Viene ingiustamente poco riconosciuta, quando non ostacolata nella sua attività.

Ma cosa c'era in questo testo capace di sedurre e travolgere il cuore a un gruppo di femministe, un gruppo di donne così diverse fra loro? Leggevamo non con intenzione scientifica, né tantomeno filologica, non ci importava inquadrare quello che stavamo leggendo nella produzione filosofica del tempo. Leggevamo con l'urgenza di trovare il senso per noi, con il bisogno di una parola di verità che ci comprendesse, che ci significasse. Ci trovavamo, come dire, in uno stato di necessità. Era un momento alto del sapere, quando nelle parole di qualcuno si trova il senso per la propria vita e l'amore per il sapere va a coincidere con l'amore per se stesse. L'attenzione che si dà a quelle parole è allo stesso tempo un atto di presenza e un profondo "sì" all'essere in questo mondo. Sperimentavamo quella speciale attenzione che produce a sua volta pensiero. Penso, senza ombra di dubbio o di imbarazzo, che si dovrebbe sempre leggere così, non per amore del sapere ma per amore della propria verità. Non capita spesso di leggere in questo modo, ma quando capita è veramente un'esperienza straordinaria.

Ma cosa c'era in questo testo che poteva così tanto sedurre e aprire il cuore a donne tanto diverse? *La persona e il sacro* è un saggio di non più di quaranta pagine scritto tra il 1942 e il 1943. Simone Weil si trovava a Londra, faceva parte di un gruppo di persone che dovevano produrre idee e visioni, oggi si direbbe così, per una nuova organizzazione sociale, un nuovo assetto dei poteri per una società che sarebbe di lì a poco uscita dalla guerra, una società che era stata distrutta nel profondo. ma proprio per questo si pensava fosse pronta al nuovo. Simone Weil non poteva credere che una società, di fronte all'orrore di tutto quello che era passato, si riproponesse nel suo assetto di sempre senza mettere in discussione anche quei valori e quelle forme che fino a ieri si pensavano come fondanti. Valori come il concetto di libertà, il concetto di diritto, il concetto di persona, valori che sembravano sacri e vincolanti, e quelle forme di organizzazione che sembravano i fondamenti della democrazia come i partiti e sindacati. Tutto si doveva ripensare, perché quei valori e quelle forme non avevano saputo e potuto evitare una guerra e la conseguente perdita di umanità e di senso che sempre una guerra provoca. Simone Weil disse che se la democrazia non era bastata, bisognava inventare qualcosa d'altro. Di lì a poco Simone Weil morirà, il suo pensiero, un pensiero di estremo rigore di questi suoi ultimi anni, certo suscita ammirazione ma non trova un vero ascolto e una vera considerazione. Anche di questo lei ne morì.

Simone Weil non era una filosofa, il suo pensiero non nasceva da un'esigenza teoretica ma da un'esigenza soprattutto pratica: garantire all'individuo il massimo possibile di libertà, giustizia e verità, verità che non si trova né in cielo né nella mente dei filosofi ma sta tutta scritta nella condizione umana e che nella condizione umana bisogna imparare a leggerla con la massima attenzione, verità che poi bisogna rendere produttiva per il bene di quanti più è possibile.

L'inizio di *La persona e il sacro* è già strabiliante: c'è in ogni uomo qualcosa di sacro che non è la sua persona, non è neppure la persona umana, è semplicemente lui, quest'uomo, è lui tutto intero e spogliato di tutto. È sacro non perché sia principe o straccivendolo o perché ricco o povero, perché sia portatore di diritti, perché abbia potere o sia l'ultimo della terra, è sacro perché è una creatura.

Simone Weil usa la parola uomo, ma in quella "creatura" che sta nominando, ogni donna si può sentire accolta non solo con la testa, come abbiamo purtroppo imparato a fare, ma finalmente con tutto il suo corpo. La "creatura" di Simone Weil è vera in carne e ossa, nata in questo mondo, ha bisogno di calore, di cibo, di accoglienza, di bene.

Dalle prime pagine di questo testo noi donne di quel gruppo fummo prese da un colpo di fulmine, fummo commosse e insieme risvegliate a una grande grande attenzione. Commosse perché la creatura di cui Simone Weil parla non è iscritta in nessuna gerarchia ed è libera da qualsiasi pregiudizio, da qualsiasi compito predisposto, non è affetta da nessuna minorità. Simone Weil non accenna mai alla differenza sessuale ma quel gruppo di donne non poteva non farlo, non potevamo non farlo, perché se la creatura è spogliata di tutto restava per noi la differenza sessuale. La differenza sessuale resta per noi donne perché è luogo di sofferenza speciale.

Il tema della sofferenza e del dolore è centrale in *La persona e il sacro*, come in tutto il pensiero di Simone Weil. Possiamo dire che la visione e la conoscenza della sofferenza è stata per lei, fin da giovanissima, la spinta verso il pensiero e la pratica politica. Il voler conoscere l'oppressione l'aveva spinta a diventare operaia in fabbrica dove ha voluto sperimentare su di sé la catena di montaggio per capire fino a che punto un essere umano poteva essere impedito nel pensiero, umiliato nell'idea di sé ed espropriato nei suoi desideri. Simone Weil pensava che fosse molto importante riconoscere e imparare ad ascoltare la sofferenza. Dare la parola a coloro che soffrono, questo è quello che, per lei, un buon governo deve fare. È necessario fare in modo che coloro che soffrono imparino a dire questa sofferenza, a farsi ascoltare perché quasi sempre chi si trova nella sofferenza non ha parole per dirla. Simone Weil, molto pragmatica, indica ciò che si deve fare, le azioni che si devono intraprendere per ottenere la parola di chi soffre, parola preziosa per fondare una società più giusta e più libera, migliore per tutti. Si dovrà investire molto nell'educazione pubblica, dice, che fornisca il maggior numero di mezzi espressivi, al fine di dare parola. E si dovrà mettere a punto un sistema di istituzioni che porti al potere, al comando, persone desiderose di capire e ascoltare il dolore. Queste persone dovranno possedere, dice Simone Weil, un'attenzione *tenera e divinatrice*, capace di intendere anche oltre le parole. Un'attenzione tenera e divinatrice è un'attenzione materna. Simone Weil non lo dice ma non credo che a questa mia interpretazione libera si possa fare obiezione.

L'umanesimo di Simone Weil è fondato su bisogni materiali, ma per lei anche i bisogni spirituali sono materiali. Il suo umanesimo è fondato non su un'idea di supremazia dell'uomo sulla natura o un'idea di forza riposta in una qualche prerogativa dell'essere umano, ma è basato sui bisogni e sulle necessità. Siamo noi che abbiamo bisogno della natura, siamo noi che abbiamo bisogno gli uni degli altri. E le forme? I partiti politici non servono, dice, perché fatalmente sono occupati soprattutto alla conquista e alla conservazione del governo e del potere, non sono in grado di porsi all'ascolto della sofferenza a meno che non ci si trovi un vantaggio immediato, ma in questo caso l'ascolto è strumentale. Quella dei partiti è un'attenzione interessata, non è né tenera né divinatrice. Per via del potere e del controllo che vogliono esercitare, anche i sindacati e le chiese non servono. Simone Weil con un certo disprezzo chiama i politici "i professionisti della parola" e ne fa piazza pulita. È necessario inventare forme nuove, dice. Fa piazza pulita anche di tre nozioni fondanti di quello che normalmente si intende per democrazia. Per prima la nozione di diritto dove, secondo lei, è implicita l'idea di forza e di contrapposizione, di divisione. Se si pone la nozione di "diritto" al centro dei conflitti sociali è impossibile ogni sfumatura di carità e di autentica attenzione all'altro. Il diritto porta al conflitto, alla rivendicazione se non a elemosinare. Poi fa piazza pulita anche dell'idea di "persona" perché legata alla nozione di diritto, la definisce una concezione confusa, che non può fornire nessuna indicazione buona per condizioni di vita migliore. Le indicazioni per una condizione di vita migliore vengono non dall'idea di "persona" ma da ciò che tutti ci accomuna: l'"impersonale", l'umano indistinto, quell'essere definito dai bisogni e dalle necessità.

Infine anche la nozione di "democrazia" stessa non è valida per Simone Weil, si è visto infatti nella pratica come non abbia difesa contro i dittatori. È necessario pensare ad altro, inventare altro.

Ma a questo punto riprendo a raccontare l'avventura del pensiero che in quel gruppo di donne questo testo ha prodotto, perché la validità di un testo o meglio di un pensiero si misura soprattutto dall'azione che produce. Ci apparve improvvisamente chiaro che non era reclamando i diritti che potevamo guadagnare, non ricchezza o altri beni, ma quel senso per noi sicuro di essere nel mondo, di cui eravamo alla ricerca. Per questo bisognava fare un grandissimo sforzo di verità. Un passo di *La persona e il sacro* dice che, se una mente prigioniera ignora la propria prigionia, vive nell'errore. Se l'ha riconosciuta sia pure per un decimo di secondo e si è affrettata a dimenticarla per non soffrire, vive nella menzogna. Per essere libere nella mente dovevamo affrontare un tema che non avevamo ancora affrontato con tutta la sincerità di cui avevamo bisogno. Questo tema era il tema della complicità, un tema dolorosissimo da affrontare. Simone Weil in questo testo dice che se le vittime si rendessero conto di essere anche complici la loro resistenza assumerebbe tutt'altro slancio rispetto a quello che può fornirgli il pensiero della loro persona e dei loro diritti. Non sarebbe più questione di fare una rivendicazione, ma sarebbe una rivolta e nello stesso tempo un grido di speranza. Si trattava per noi donne di fare nella nostra mente quello che indicava Simone Weil, un passaggio difficile perché molto doloroso: da sentirsi vittime a scoprirci complici.

Questo passaggio è stato per noi un guadagno immenso perché da una posizione passiva siamo entrate in una dimensione attiva. La nostra sofferenza non invocava più la giustizia, ma invocava il cambiamento. Non reclamavamo più una fetta di torta uguale a quella dei nostri fratelli ma ci ritrovavamo immerse in una vera propria interrogazione e progettazione di noi stesse e del mondo, attente alla ricerca del bene per noi, del bene in senso weiliano, quello che per essere autentico deve espandersi su tutti. Questo è stato il guadagno immenso di quella lettura. E a chi mi dice che i frutti si vedono poco, non c'è che da rispondere che la più grande rivoluzione di tutti i tempi, quella delle donne, prenderà molti anni, ma che siamo in un cammino senza ritorno. Di questo ne sono certa. Il pensiero di Simone Weil nel movimento politico delle donne ha avuto esiti diversi. Personalmente mi sento vicina alla parte partecipativa-attiva della sua vita che comunque è inseparabile dal suo pensiero, quella che l'ha portata a impegnarsi nella realtà politica del suo Paese, a partecipare fino all'ultimo alla progettazione di un mondo diverso.

Vi ringrazio e vi lascio allo splendore del testo.

2011

La crisi continua e lo spettacolo che offre il Paese è quello da basso impero. Ancora tagli ai servizi, all'istruzione, alla sanità. Nella cartella dei nostri bambini, oltre a libri e quaderni, mettiamo da tempo la carta igienica. Lo Stato è troppo povero per fornirla. La carta igienica nelle cartelle è una bella metafora. Tutti sono scontenti, ma le donne sono al limite.

Al governo c'è ancora Berlusconi, al basso impero ci pensa lui. C'è da registrare che da quando è morta sua madre, Berlusconi ha perso il senso del pudore, non che ne fosse un gran cultore, ma adesso esagera. Per questo viene anche abbandonato dalla moglie, che saggiamente avverte: "è malato".

Il Paese è sull'orlo di un abisso ma a confondere tutti, a riempire le prime pagine dei giornali è la sessualità del Presidente del Consiglio. Potente? Impotente? Dove, come, quando, con chi...? I cortigiani offrono ragazze a Berlusconi per farlo contento. Queste ragazze si costituiscono in una simpatica piccola società, sono vicine di casa, condividono interessi, si scambiano consigli, ricevono uno stipendio, qualcuna viene piazzata in politica.

Ma presto arriva il colmo: il Parlamento si ritrova a votare su una questione che al momento sembra a tutti importantissima. Si scopre "nel giro" una ragazza egiziana minorenne, Ruby. Così si sfiora lo scandalo. Berlusconi si affretta a dire che Ruby non c'entra con le sue serate burlesque, per-

ché lei è la nipotina di Mubarak, presidente egiziano che gli ha chiesto ospitalità. Come si può negare ospitalità alla nipote di un capo di Stato? Ma Mubarak si affretta a dire che lui la ragazza non la conosce nemmeno. Il Parlamento vota: Ruby, è o non è la nipotina di Mubarak? La maggioranza dice sì, lo è, al diavolo Mubarak e quello che dice. Così si tocca il colmo del burlesque. Il Paese intero, come quello di certe favole, sembra vittima di un incantesimo. Gli uomini che sono in Parlamento tutti ormai fuori di testa, disposti a una votazione surreale, sia chi dice sì, sia chi dice no. Le donne in Parlamento al seguito, come sempre. Qualcuna però ci mette qualcosa di suo: "Ognuno a casa sua può fare quello che gli pare" afferma convinta Maria Elisabetta Casellati, che sarà in seguito eletta a presidente del Senato, seconda carica della Repubblica.

È questo strano insieme: carta igienica, serate burlesque, Parlamento ridicolizzato, incertezza del futuro, fatica immensa quotidiana, che fa saltare i nervi alle donne. Quali donne? Alle donne del Paese, quelle della vita quotidiana che diventa sempre più impossibile. Le equilibriste, le funambole del giorno per giorno che tengono insieme questa società con le unghie e con i denti, quelle che sono le più potenti ma che non lo sanno, quelle sempre date per scontate. A quelle saltano i nervi. È il 13 febbraio, un piccolo gruppo di donne, "Se non ora quando", mai nome fu più azzeccato, porta nelle piazze d'Italia un milione di donne, forse di più, un evento grandioso, inaspettato.

Una settimana prima mi chiama Francesca Comencini[1] *e mi racconta di questo 13 febbraio, di come lo stanno organizzando e di quanto le sarebbe piaciuto che io ci fossi stata a dire qualcosa. Mi avverte che una parte del femminismo storico si dissocia. "A che luogo state pensando" chiedo, lei risponde: "A Roma, a Piazza del Popolo". "Siete pazze? Per riempire quella piazza ci vogliono 70.000 persone!", non riuscii a farle cambiare idea. Alla fine ho accettato proprio perché Francesca non ha cambiato idea, per il suo coraggio e la sua testardaggine, lei non lo sa. Non amo i grandi numeri, non mi piace espormi, dico di sì per lei.*

Porterò sempre nel cuore l'immagine di Piazza del Popolo gremita fino all'inverosimile, l'immagine inquietante di quella moltitudine che, a evento finito, a microfoni spenti, rimane lì immobile per tanto tempo, perché non vuole andare via, non vuole tornare a casa, non vuole che quel giorno finisca. Qualcuna chiede: diteci cosa dobbiamo fare. Per chi crede nella politica, quella testardaggine a voler restare, quel chiedere cosa dobbiamo fare, non fa dormire la notte. Davanti a quella piazza, solo la promessa di un impegno costante ci può mettere tutte tranquille. Ancora oggi per me è così. I motivi per riempire quella piazza, come le centinaia di piazze italiane, sono tanti: l'affermazione della propria dignità, lo sdegno per una politica da avanspettacolo e la fatica, ma c'è anche la grande gioia di ritrovarsi insieme, di occupare in tante una piazza in una bella giornata di sole, per riaffermare la propria cittadinanza.

---

[1] Francesca Comencini, regista, scrittrice, fondatrice con altre di "Se non ora quando", principale organizzatrice della giornata del 13 febbraio a Roma.

Quel giorno le donne danno al Paese una grande lezione di civiltà. C'erano più donne che uomini, tanti bambini e tantissime bambine. Tra la folla, mia nipote Anna, sette anni, che indicandomi sul palco a chi le sta vicino dice: "Quella è mia nonna".

Tra un sonno e un altro, piccolo risveglio delle donne del Partito Democratico, mi invitano alla loro conferenza. Ci vado.

Se non ora quando*

Bentornate.

In questo periodo il nostro Paese sembra essere governato dalla debolezza degli uomini più che dalla loro capacità. La debolezza degli uomini è oggi sotto gli occhi di tutti. E che altra ragione dare a questi spettacoli indecenti e patetici a cui assistiamo ormai da troppo tempo? E che mettono per di più a rischio il Paese, la sua democrazia e la sua credibilità. Spettacoli ridicoli, che ci offre non solo l'attore principale ma anche chi si impegna in una sua difesa surreale. Ma, detto ciò, non dobbiamo dimenticare anche la responsabilità di una classe politica che non ha saputo arginare questo fenomeno e che continua a non trovare forme e modi efficaci di una vera opposizione.

In questo clima di avanspettacolo, dobbiamo fare molta attenzione che la farsa non copra la vera indecenza: perché la vera indecenza sono le scelte economiche, di questo Paese. Da un po' di tempo governi di destra e governi di sinistra tagliano sempre laddove un Paese civile dovrebbe investire. Tagli alla scuola, all'assistenza, alla ricerca, alle politiche di sostegno alle famiglie, alle politi-

---

* Intervento alla manifestazione di "Se non ora quando", piazza del Popolo, Roma, 13 febbraio 2011.

che di conciliazione hanno fatto diventare le donne funambole, equilibriste, velociste, sante che fanno miracoli.

Gli uomini sono fragili, ogni donna lo sa. Ma è proprio per questo che sono così attaccati al potere. Il potere è la loro terza gamba, la loro protesi. Il potere serve a loro per significare la forza che non hanno. È per questo che gli uomini sono così attaccati al potere come nessuna donna lo sarà mai. Ma una società di uomini e di donne non può essere governata da soli uomini o da tanti uomini e poche donne al seguito, magari uscite dalla testa del padre. Dobbiamo costruire un equilibrio di rappresentanza vero, se vogliamo una società migliore per tutti. Dobbiamo trasformare in politica la nostra esperienza, le nostre necessità. Sono convinta che se si desse ascolto alle necessità delle donne si potrebbe fare un magnifico programma di governo.

Ma le prime a doversi convincere di questo siamo proprio noi. Se amiamo ancora questo Paese, dobbiamo imparare a governarlo in fretta. Le donne, che ne sentono l'energia e il desiderio, devono farlo. È un impegno che ci dobbiamo prendere non solo per ambizione, ma soprattutto per necessità.

Ci troviamo in un disastro. Ma di questo disastro non siamo del tutto innocenti neanche noi. Infatti in questa società sembriamo non esserci, non c'è alcuna misura di donna nella sua organizzazione, nei suoi criteri, nelle sue forme e nei suoi tempi. Siamo state finora troppo timide, troppo fiduciose, troppo conniventi, troppo deleganti, troppo ubbidienti! Quando ci hanno chiesto un passo indietro l'abbiamo fatto subito perché le esigenze degli altri ci sono sempre sembrate più urgenti delle nostre. E le donne impegnate nei partiti hanno curato più il partito che gli interessi delle loro simili, non capendo che se l'avessero fatto avrebbero reso il loro partito più capace di governare. Non l'hanno fatto. Oppure, hanno fatto "quello che potevano". Ma è stato troppo poco. Non è bastato.

L'equivoco, sapete qual è stato? L'idea dell'uguaglianza tra i sessi. Gli uomini non ci hanno mai creduto, ma noi donne sì che ci abbiamo creduto: quindi non ci siamo sentite troppo in difetto, se lasciavamo governare gli uomini. Ma oggi sappiamo più che mai che nessun uomo può rappresentare una donna. Oggi ci è chiaro, che uguali non siamo. Siamo differenti: per corpo, per esperienza, per storia. Quella delle donne non è stata una storia facile. Da poco siamo libere, non ce ne dobbiamo dimenticare, siamo libere da pochissimo tempo.

L'esperienza di nascere donna in una società come questa continua a non essere rose e fiori. Però, come sempre, la fatica non è sterile, dà sempre qualcosa se si è capaci di prendere. Sono convinta che ogni donna sa della vita più di ogni uomo, perché ha guardato sempre l'umanità da vicino, dalla nascita alla morte, e conosce lo splendore e la miseria dei corpi. La cura dei corpi è stata, nel corso della storia, la nostra servitù ma è stata anche la fonte di grande sapere. Così la nostra forza è radicata nella necessità di nascere, mangiare, dormire, saper piangere ridere e saper morire.

È una forza grandissima! E adesso più che mai dobbiamo sentircela addosso, e dobbiamo spenderla. Infatti, in politica si deve arrivare con la coscienza di avere le mani piene, si deve avere qualcosa da offrire. Non ci si deve arrivare con le mani vuote. Se chiediamo alla politica identità, conferme, rassicurazioni, saremo sempre ricattabili, sempre troppo ubbidienti, sempre troppo piene di gratitudine. Impariamo a darle noi, rassicurazioni e conferme! Diamo noi una via da seguire, non chiediamola.

Cari uomini, se volete bene a questo Paese, fate voi un passo indietro. Già mi sembra di sentire la risposta, entusiasta, diranno di sì, che ci faranno spazio... Non credetegli perché non lo faranno mai! Per questo ci vuole una spallata. Adesso è ora di dargliela questa spallata. Non solo a Berlusconi, anche agli uomini più vicini a noi, che occupano troppi posti, troppi luoghi, ben coscienti di stare seduti sul loro tesoro, cioè una poltrona!

Le donne sono troppo poche, in tutti i luoghi delle istituzioni, assenti o scarse nei consigli di amministrazione, nei punti decisionali. Non è detto che le donne faranno meglio degli uomini, ce ne saranno di brave, di mediocri e di pessime: siamo umane, non divine. Ma la politica è lo specchio della società, e nella società le donne ci sono. Anzi: non c'è società, senza donne.

Per quanto mi riguarda, non voterò più un partito che non garantisca una forte presenza di donne al governo di questo Paese. E non ho detto liste elettorali, ho detto governo! E intendo donne che magari escono da severe scuole di amministrazione dello Stato, non dal concorso di Miss Italia o dal letto sfatto del potente di turno.

Mi dicono che devo credere che le ragazze di Arcore hanno fatto una scelta di libertà. Ho lavorato tutta la vita per la libertà delle donne, ma devo confessare che la scelta di queste ragazze non mi ripaga neanche un po' della mia fatica. Se mia madre avesse scelto quel genere di libertà non sarebbe stata per me un esempio. Se mia figlia avesse scelto quel genere di libertà sarebbe stata per me causa di grande dolore. E i sentimenti contano!

Buona fortuna a tutte, perché anche la fortuna ci vuole!

A sostenervi sta la mia aspettativa*

Questo non è, per lo meno per me, tempo di distinguo. Fare troppe distinzioni è un lusso che di questi tempi non ci possiamo permettere.

Non so bene con quante di voi condivido quello che penso. Per chi non mi conosce, io sono laica, materialista e femminista. Nel corso della mia vita ho fatto con altre donne delle battaglie che hanno reso più civile questo Paese. Ma non so quante di voi la pensano allo stesso modo.

Comunque, per mia *forma mentis*, in politica cerco di lavorare su ciò che si condivide piuttosto che farmi trascinare dai disaccordi.

Sicuramente condivido con voi la certezza che il nostro Paese sta attraversando un momento difficilissimo. La politica sembrerebbe perduta, come sembra perduto il senso del ridicolo, il senso del pudore, il senso della misura. Si è smarrito il senso della realtà, e quando questo accade c'è una perdita secca di umanità, che io registro nella realtà in cui viviamo. Questo è il disastro.

Un uomo indegno è il nostro presidente del Consiglio, tanto ricco da far saltare le dinamiche chiare della

---

* Conferenza delle donne del Partito Democratico, Roma, 19 febbraio 2011.

politica. A fronte di questo, assistiamo a un balletto di alleanze che si fanno, che si disfano, che si annunciano, che si smentiscono, gruppi che si ingrossano, poi si assottigliano, partiti che si fondano e che lo stesso giorno si affondano.

La politica sembra perduta. È diventata premio, risarcimento, merce di scambio, affari, clientele, ricatti, tutto questo, tranne che desiderio di buon governo dei beni comuni, tranne che spirito di servizio.

Se in tutto questo bailamme comparisse un omino, capace di mettere un poco di ordine, gli butterebbero le braccia al collo. La nostra democrazia è oggi a forte rischio.

Questo è il disastro, questa è la paura.

E adesso cambiamo scenario.

A tutte voi sarà capitato di tornare a casa la sera e sulla strada incrociare un gruppo di uomini, che ridono, scherzano allegri tra di loro. E vi sarà capitato di sentire che proprio quella allegria aumenta il nostro disagio, il nostro timore per questo incontro. Allora che cosa facciamo d'istinto? Cerchiamo di scoprire se in quel gruppo ci sono delle donne, perché, se così fosse, ci sentiremmo più tranquille. Questo per dirvi che io credo nella presenza civilizzatrice delle donne. La presenza delle donne garantisce la mia presenza, garantisce il mio essere nel mondo. Non sto parlando di sorellanza, di sentimenti condivisi, di volersi bene. Sto parlando di una necessità, una condizione dura come l'acciaio.

Le donne sono necessarie agli uomini, ai bambini, alle altre donne per la loro sopravvivenza, questo è un sapere antico quanto il mondo. Ma il femminismo ha scoperto una verità mai pronunciata: le donne sono necessarie alle donne per la loro libertà.

La mia libertà sta nelle vostre mani, la vostra libertà sta nelle mie.

Noi tutte vogliamo un Paese civile ma non c'è oggi civiltà degna di questo nome senza la presenza delle donne nelle sue istituzioni. Un Paese di uomini e di donne poteva essere governato da soli uomini quando le donne non erano libere, erano sotto tutela e controllo. Ma un Paese di uomini liberi e di donne libere deve essere governato da donne e uomini, pena lo squilibrio, il caos e l'infelicità pubblica.

Questo è l'impegno che cerco da voi, lo cerco da trent'anni, finora mi avete sempre deluso. Ma io sono tenace. A darvi forza sta la mia aspettativa.

Un'ultima raccomandazione, soprattutto per le giovani, che vedo numerose. Di fronte a voi non ci sono più uomini padri, ci sono uomini fratelli. E i fratelli si sentono pari a voi, magari gelosi, magari invidiosi, forse anche impauriti. Non vi aspettate da loro nessun rispetto speciale, nessun riguardo. Ci troviamo in un passaggio difficile.

Tenete ben chiaro nella mente che un posto preso da una donna sarà tolto a un uomo. Non vi impietosite, se riuscite a toglierglielo sarà anche per il loro bene.

Perché è necessario che le donne governino: alla ricerca delle "vere" opportunità*

Entro nel tema senza preamboli. Siamo qui per cercare di capire cosa non funziona nelle politiche di genere che si sono attuate in Italia in questi anni, nonostante la buona volontà, l'attenzione, l'entusiasmo che tante donne, me compresa, vi hanno dedicato.

La verifica di una politica è semplice, sta tutta nella sua efficacia, se porta dei buoni risultati è una buona politica, se non li porta è una cattiva politica e va quindi ripensata. Le cosiddette politiche di genere, là dove si sono attuate, dovevano migliorare in senso strutturale e non in senso consolatorio la vita delle donne. A leggere l'ultimo rapporto ISTAT sembra che questo non sia avvenuto, è avvenuto piuttosto il contrario, la vita delle donne nel nostro Paese è peggiorata. Non voglio ridare il quadro del rapporto ISTAT nella sua completezza, ma solo estrapolarne quei punti che ci servono per ragionare.

Le donne italiane, quando hanno lavoro, e sono poche, sono sottopagate, sottoimpiegate, nella vita quotidiana sono prive di servizi e sfruttate, sì, sfruttate, consentitemi questa parola veteromarxista, decisamente fuori

---

* Convegno "Le politiche di genere per lo sviluppo", Monteripido, Perugia, 23 giugno 2011.

moda, che impiego a causa di un dato strabiliante che ci racconta il rapporto: le donne si fanno carico all'anno di due miliardi di ore di lavoro di cura fuori dalla propria casa. Già una statistica mondiale firmata ONU ci aveva raccontato che le donne italiane sono quelle che lavorano di più al mondo.

Questa montagna di lavoro, che sta tutta sulle spalle delle donne, nel linguaggio degli statistici e degli economisti viene chiamato "aiuto informale", cioè senza forma, poco identificabile, senza volto, soprattutto senza voce. Concretizzando il contenuto di questa vaga definizione, possiamo tranquillamente dire che le donne sono il più potente ammortizzatore sociale attivo nel nostro Paese e anche, a tutt'oggi, il miglior *welfare* che il nostro Paese si sia dato.

Questa quantificazione è una novità, fino a oggi "il lavoro informale delle donne" non era mai stato quantificato così esattamente. È stato spesso definito inquantificabile e questo aggettivo, "inquantificabile", dava ragione e senso a un altro aggettivo, che io oggi trovo sinistro, che è "impagabile".

Nell'impagabile, in senso concreto e figurato, sparisce per magia tutto il lavoro delle donne, non sparisce nella sua concretezza, beninteso, ma nel suo valore e nella sua necessità, nonostante sia un lavoro da cui non si può prescindere perché una società esista e resti viva.

Questa quantificazione ufficiale ha fatto sì che, per la prima volta, nel resoconto annuale della Banca d'Italia la condizione delle donne italiane fosse nominata. Certo, faceva effetto vedere il governatore Draghi parlare a un folto e attento pubblico, quasi esclusivamente maschile, della situazione delle donne in Italia in termini fortemente problematici e preoccupati. Ma nella situazione in cui ci troviamo, così grave, le donne non potevano più sparire, come è sempre avvenuto. Dove le si fa sparire? Noi tutte sappiamo che dietro espressioni come "il risparmio delle famiglie italiane", come "è necessario stringere la cinghia" oppure "la famiglia è la struttura portante del Paese" o ancora "la disoccupazione pesa sulle famiglie", dietro queste espressioni viene nascosto e taciuto il lavoro delle donne.

Questa parte del rapporto ISTAT, per noi così importante, la dobbiamo a una donna che qui voglio nominare in segno di gratitudine, Linda Laura Sabbadini,[1] attuale direttora centrale dell'ISTAT, che ha lavorato perché il rapporto comprendesse un capitolo consistente sulle condizioni delle donne in Italia.

Dicevamo due miliardi all'anno di ore di cura fuori dalla propria casa. Torno su questo dato perché è il più impressionante e ci dice tre cose. La prima è che questo Paese si regge sulle spalle delle donne, senza che le donne abbiano nessun ritorno di qualsiasi genere. La seconda è che il Paese si trova in un vero disastro. La terza dice che chi ama la famiglia in questo Paese sono solo le donne, nonostante le grandi chiacchiere che si fanno da ogni parte a questo proposito.

---

[1] Linda Laura Sabbadini, femminista, stimatissima nel mondo delle donne e non solo, direttora del Dipartimento metodi e nuove tecnologie dell'Istat, rinnovatrice dei metodi statistici, attraverso le sue indagini rende visibili gli invisibili. Lavoro, violenza, mutamento sociale, disuguaglianze sono i suoi temi. Grande ufficiale della Repubblica.

Di fronte a questo dato si possono avere due atteggiamenti completamente opposti. O possiamo cadere nello sconforto e piangere sulla disgraziata situazione, sulla miseria e sulla debolezza femminile, per poi cercare di mettere riparo, come è possibile, cercando di tutelare, di proteggere, di aiutare. Oppure possiamo prendere coscienza della grandissima forza delle donne che fa sì che questo Paese tiri avanti. Grandissima forza, taciuta, ignorata, misconosciuta, ma grandissima e potente. Vi dico subito che personalmente opto per questa seconda interpretazione e che, per quanto mi riguarda, non permetterò più, in mia presenza e in nessun contesto, di parlare né della miseria femminile, né della debolezza femminile.

Insomma non voglio più sentire parlare delle donne come "sesso debole".

Allora, assumendo il punto di vista della forza, che fare? Quali sono le azioni da intraprendere, cosa cambiare?

È giusto chiedersi come deve cambiare la politica che riguarda le donne perché, una cosa è certa, le politiche di genere, così come sono, hanno fallito. Evidentemente abbiamo curato il sintomo e non abbiamo curato il male. Abbiamo dato credito solo alla miseria delle donne, alla loro debolezza e abbiamo cercato di mettere a punto delle politiche di tutela, di riparo, di consolazione, non rendendoci conto che, così facendo, contribuiamo alla nostra imperfetta cittadinanza.

Un soggetto che, per la sua sussistenza, ha bisogno di essere tutelato, protetto e consolato non è un soggetto pienamente politico. A renderci cittadine a renderci soggetti politici non è solo il desiderio di migliorare la propria condizione, che pur essendo desiderio tutto umano, ci fa dimorare ancora fuori dalla *polis*. A renderci soggetti politici è soprattutto il pensiero e la volontà di una società migliore. La nostra cittadinanza diventa piena solo quando la nostra attenzione e tensione modificatrice va alla società intesa nella sua complessità, una volta compreso che, per cambiare ciò che ci riguarda, c'è bisogno di un cambio strutturale profondo, che non riguarderà solo noi donne, ma tutti, la società intera nelle sue forme. Questo perché le donne non sono un elemento aggiuntivo, non sono un gruppo, non sono una minoranza, non sono una classe sociale, ma sono parte costituente della società stessa.

Se le donne hanno problemi è la società intera che ha problemi, se le donne sono in difficoltà è la società stessa che si trova in difficoltà. C'è da dire che questo è vero dove le donne godono una libertà garantita da diritti – libertà sempre guadagnata e mai regalata beninteso – non è più vero dove le donne si trovano sottoposte a un vero e proprio dominio.

Le donne sono parte costituente della società, non è data una società umana senza donne. Quindi mi verrebbe da dire: basta con le elemosine e, se ci troviamo nella situazione di doverle chiedere, teniamo ben presente che di elemosine si tratta, che non risolveranno mai la situazione tanto difficile delle donne del nostro Paese.

Sussidi, bonus, indennità speciali, indennità a tempo, contributi, finanziamenti per piccoli progetti, ben vengano, ma ci sia chiaro che questa non è la strada che ci porta a un vero e necessario cambiamento. E dobbiamo anche riconoscere l'ambiguità e la dolorosa contraddizione di certe politiche che, per tutelare la donna, la allontanano di fatto dal lavoro, rendendo difficile reinserimento e carriera.

Abbiamo bisogno non di buone azioni, ma di azioni efficaci. Abbiamo bisogno di pensieri più grandi. Dobbiamo ripensare l'organizzazione del lavoro, ripensare il sistema scolastico, la qualità e la distribuzione dei servizi, pensare a nuovi modi e regole di convivenza, forme e modi della politica, tempi. Dobbiamo governare il nostro Paese, senza che nessuno lo faccia per noi e al nostro posto. Qualcuna ha detto giustamente: "L'Italia non è un Paese per donne", ebbene questo deve essere il nostro progetto, fare dell'Italia un Paese per donne. Un gran lavoro di intelligenza, di attenzione, di mediazione, ma anche di scontri e di lotte.

Governi di destra e governi di sinistra sono stati e sono ben contenti che le donne si occupino delle donne e che restino chiuse in una piccola società di mutuo soccorso. Gli uomini, non tutti ma quasi, pensano che sia il privato il posto delle donne, perché la dimensione pubblica è loro, il pensare al mondo è il loro compito. Sembra di no, ma invece moltissimi pensano ancora così, e ai loro occhi proprio la scarsità delle donne impegnate nel pubblico non smentisce questo pensiero, anzi lo conferma.

Il grande limite delle politiche di genere è stato quello di porsi esclusivamente obiettivi il cui oggetto ultimo, il cui fine ultimo sono le donne. Così facendo dobbiamo renderci conto che implicitamente stiamo rinunciando al governo e quindi alla progettazione del Paese dove viviamo, studiamo, lavoriamo, mettiamo al mondo figli e paghiamo le tasse. Ma non può che essere così, dal momento che il presupposto delle politiche di genere è la debolezza femminile.

Proviamo, invece, a dare alle politiche di genere un altro senso.

Abbandoniamo il presupposto della debolezza e sostituiamolo con quello della grande forza femminile, tanto grande da sostenere questo Paese in gravissime difficoltà. Cosa cambia? Cambia moltissimo. All'improvviso la nostra mente è costretta a una capriola di senso: *le donne non sono più soggetti da tutelare, ma sono soggetti che devono tutelare, devono tutelare l'esistenza e le condizioni di vita della società a cui appartengono.* Da soggetti passivi, meglio dire oggetti, le donne diventano soggetti attivi, da oggetti di attenzione diventano soggetti di attenzione.

Per fare, però, questo passaggio mentale è necessario credere profondamente alla differenza tra uomo e donna. Personalmente non credo al soggetto donna, come non credo a qualsiasi altro soggetto come sostanza, piuttosto invece come forma. Certo, il corpo delle donne è capace di cose che non sono possibili al corpo degli uomini. Ma la differenza a cui mi riferisco non finisce lì, non finisce al corpo, è piuttosto legata alla storia e alla cultura a cui si appartiene. Penso la differenza determinata più dalle pratiche di relazioni e di attribuzioni di senso, non solo dalla natura, altrimenti il nostro destino sarebbe segnato da sempre e per sempre, e tutti i nostri pensieri e discorsi sarebbero inutili.

La donna non è meglio dell'uomo e non è peggio dell'uomo, è semplicemente differente, e questa differenza deve partecipare al governo della società in cui si trova, deve partecipare a scelte e decisioni, non perché se lo meriti, o perché sia più brava, semplicemente perché c'è. E neanche per avere un Paese più giusto in senso ideale, non è un'idea di giustizia astratta quello che ci deve muovere, altrimenti tutto ciò prenderebbe un senso rivendicativo e quindi arbitrario, ma semplicemente per avere un Paese più equilibrato, più sano.

Ed eccomi al mio mantra. Un mondo di uomini liberi e di donne libere non può essere governato da tanti uomini e poche donne, scelte dai tanti uomini e dai loro criteri e parametri, che non possono essere che i soliti parametri storici: fedeltà, sottomissione, obbedienza. Per sfuggire a queste logiche la presenza delle donne va istituzionalizzata, non solo al governo del Paese, non solo in Parlamento e nelle giunte, ma in tutti i luoghi istituzionali e decisionali: nella Corte Costituzionale, nel Consiglio Superiore della Magistratura, nei vari consigli di amministrazione, nelle giurie dei concorsi ecc. Per ottenere questo è chiaro che è necessario lo strumento delle quote. E anche qui, se partiamo dalla forza delle donne, ci si presenta un'altra capriola di senso. *Le quote non sono fatte per tutelare e aiutare le donne, idea questa che ci offende più che gratificarci, che ci immiserisce più che arricchirci, le quote sono necessarie per contenere la presenza degli uomini, servono per raggiungere quell'equilibrio necessario per una società più rispettosa, più democratica e più vera e sana. Le quote non servono a noi donne ma a tutti. Non aiutano le donne, aiutano la società.* Detto ciò, dev'essere chiaro che ci aspettano tempi durissimi per una ragione molto semplice, che è la seguente: per ogni donna che entrerà, un uomo dovrà uscire. Questo è bene tenerlo chiaro nella mente: le donne non si aggiungono, prendono il posto di. Non possiamo certo pensare di vedere gonfiate tutte le istituzioni e gli istituti del Paese.

Ma c'è un altro cambiamento di cui è importante parlare. Partire dalla forza delle donne significa cambiare obiet-

tivo, investire attenzione, lavoro, cura alla costruzione dell'eccellenza femminile. Lavorare di più su ciò che le donne hanno, e non solo lavorare su ciò che alle donne manca.

Oggi più che mai è necessario scommettere sulle giovani donne e sulle loro potenzialità, affinché si formi un ceto politico, amministrativo e finanziario femminile di altissimo livello. In questa direzione bisogna investire, a mio avviso, tutto il denaro possibile, quel poco che lo Stato attualmente dà e quel molto che dovremo cercare nella società civile, società civile che non è affatto indifferente a un obiettivo come questo.

Anche questo è pensare in grande, perché il bene che andiamo a dare nessuna se lo metterà in tasca ma verrà ridato al Paese come risorsa. E questa volta non sarà un'elemosina ma un investimento. Sì, bisogna investire sulle donne.

Concludo parafrasando Don Milani:[2] *bisogna avere il coraggio di dire alle donne che sono tutte sovrane, per cui l'ubbidienza non è più una virtù, che non credano di potersene fare scudo né davanti agli uomini, né davanti a Dio, che bisogna che si sentano ognuna responsabile di tutto.*

---

[2] Don Lorenzo Milani, docente e educatore cattolico, con la sua *Lettera a una professoressa* interroga le coscienze, accusa di sordità le istituzioni, pensa che la povertà, l'ignoranza, la guerra, l'indifferenza debbano essere tutte oggetto di scandalo.

2013-2014

Che fine ha fatto "Se non ora quando"? Quel milione di donne si è trasformato in una rete fitta di piccoli gruppi per tutto il territorio italiano, attivi localmente. Non si riesce a organizzare una gestione nazionale, non si riesce a produrre una politica visibile. Le donne cascano nel solito inciampo: non riuscire a gestire la loro forza, non riuscire a diventare vere interlocutrici nella politica istituzionale. Questo meriterebbe una riflessione profonda. Da dove viene questa reticenza? Questa impossibilità?

Vengo chiamata a fare parte del gruppo promotore. Ma faccio appena in tempo a partecipare a qualche riunione che il gruppo si scinde e la rete nazionale si scioglie.

Il gruppo promotore si scinde, così nascono "Se non ora quando Factory" e "Se non ora quando Libere". Io sono nella Factory. Mi piace l'idea della factory, del fare, del produrre azioni politiche. Non riusciremo a fare molto, solo piccole cose. Non siamo un vero gruppo politico, esistono tra noi disaccordi significativi, ma riusciamo molto bene ad "andare in disaccordo".

La situazione in cui si trova il Paese è grave, si teme la bancarotta. Giornali, televisioni ne parlano, il tono è allarmato.

Un passo indietro. Abbiamo imparato una parola: spread. Non tutti sappiamo bene cosa voglia dire, sappiamo solo che corrisponde a una cifra, che quando è alta vuol dire che il Paese va malissimo e quando si abbassa vuol dire che va meglio. Così ogni mattina si controlla lo spread, un po' come il meteo. Per rimediare alla bancarotta imminente, nel novembre del 2011 è arrivato Monti con il suo governo tecnico. Non dura molto, la sua ricetta è troppo rigida, il governo va presto a casa. A salvare l'Europa è Mario Draghi, ora presidente della BCE, con la sua difesa dell'euro, costi quel che costi, e con l'acquisto di titoli di Stato dei Paesi Europei in difficoltà per decine di miliardi di euro.

Ora siamo nel 2013 e ci apprestiamo alle elezioni, indette per il 24 febbraio. La sinistra si presenta con una coalizione, "Italia bene comune". Per decidere chi avrebbe guidato la coalizione si indicono delle primarie. Partecipano Bersani per il PD, Vendola per SEL, il giovane Matteo Renzi del PD, Bruno Tabacci per il Centro Democratico e Laura Puppato del PD, presenza sicuramente voluta da Bersani causa pudore/vergogna di presentarsi solo uomini.

In questa occasione parlo con Cristina Comencini, il volto ufficiale di "Se non ora quando", scrittrice, regista affermata, madre, nonna, intelligente, bella. Le propongo un'azione, le propongo di partecipare a quelle primarie. Non si portano in piazza un milione di donne per poi lasciarle senza immagine e senza parola. Le donne del Paese, quelle che stanno soffrendo più di tutte questa orribile crisi economica, hanno bisogno di una figura che significhi la loro presenza in tutto quello che sta passando e hanno bisogno di ascoltare parole riconoscibili, che parlino di loro. Sarebbe stata importante la sua presenza. Ma dice di no, la ragione che mi dà è che amava troppo il suo lavoro e non ha nessuna intenzione di abbandonarlo. Di rincalzo, la rassicuro e le faccio notare che non avrebbe mai vinto quelle primarie, ma era importante esserci, farsi vedere e ricordare a tutti le donne del 13 febbraio 2011. Ma il no resta no. Occasione persa.

Di nuovo mi trovo di fronte alla reticenza femminile, al rifiuto di vivere una leadership. Troppe volte questa situazione si è ripetuta per non cominciare a pensare che qui c'è un grande nodo da sciogliere.

La sinistra non vince, pareggia con la coalizione di destra. Astro nascente il partito dei 5 Stelle.

Bersani non riesce a fare il governo. Arriva il governo del giovane Enrico Letta, poi quello di Matteo Renzi con un 50 per cento di donne al governo.

Lettera aperta alla Ministra Carrozza*

Gentile signora Ministra,

siamo un gruppo di donne che insieme ad altre hanno organizzato la giornata del 13 febbraio 2011, giornata che è rimasta nel cuore di tutte. Le confessiamo che il grande successo di quella manifestazione ci ha riempito di gioia, ma ci ha lasciate anche sgomente dal senso di profonda e drammatica necessità che tante donne portavano nelle piazze, necessità e urgenza di cambiamento, di ossigeno. Ricorderà che in quel periodo le nostre istituzioni, il Parlamento, si trovavano impantanati in storie ridicole trasformate in affari di Stato: si votava sulla nipote di Mubarak.

Questa nostra presentazione non serve per farci grandi, ma per poter meglio far comprendere che da quel giorno la necessità e l'urgenza di cambiamento non ci hanno più abbandonate e sono diventate per noi interrogazione quotidiana.

Una lettera alle istituzioni di questi tempi è inusuale, troppo divaricata è infatti la forbice tra governanti e governati, troppa sfiducia, troppo sospetto, troppa estraneità. Ma questo non vale per Lei. A parte la stima grande

---

* Lettera da "Se non ora quando Factory" a Maria Chiara Carrozza, politica e fisica, Ministra dell'Istruzione (2013-2014).

per la sua storia di scienziata, ci è molto piaciuto il suo discorso a Cernobbio. Anche noi pensiamo, come lei, che la politica ha fatto male alla scuola e che con questa classe dirigente omologata, con poche donne e pochissimi stranieri, non riusciremo a uscire dalla crisi. Ci piace quando parla di investimenti per la scuola e non di spese. Ci piace quando va a inaugurare l'anno scolastico a Casal di Principe, significando così che nessuno deve essere lasciato indietro.

Nessuno deve essere lasciato indietro. Per questo le scriviamo.

Di questi tempi avrà sentito parlare anche Lei di femminicidio, di violenza contro le donne, ne avrà letto, avrà sofferto come ogni donna di quel dolore speciale, dolore che un uomo, anche il più buono e pietoso, non può provare. C'è chi dice che è un fenomeno antico, che c'è sempre stato, che i numeri non sono aumentati. Fatto sta che oggi di donne ne muoiono troppe e troppe sono ancora maltrattate. E che bisogna mettere le mani urgentemente per arginare questo fenomeno, antico o moderno che sia. Per lo più le donne che vivono questa disgraziata condizione, o che ne muoiono, sono stanche di essere male amate, stanche di obbedire, stanche di servire. La loro sofferenza, la loro morte svela un mondo terribilmente impreparato alla libertà delle donne.

Si chiederà perché le stiamo parlando di tutto questo. La risposta è semplice. Come lei, pensiamo che sia la scuola il solo modo per uscire da questa crisi. In questo caso non parliamo di crisi economica e politica, ma della crisi profonda dell'anima del nostro paese. È questa la più grande urgenza.

Vede, noi non crediamo che si possa vincere la violenza contro le donne con l'inasprimento delle pene. Poco, solo un poco crediamo ai provvedimenti di allontanamento dei violenti, alla loro rieducazione. Noi pensiamo che l'unica cosa che salverà noi donne da tutto questo sia la stima di sé, il rispetto di sé, la coscienza del proprio valore, il senso della propria dignità. Pensiamo quindi che sia urgente rieducare soprattutto noi stesse per poter riconoscere la violenza prima che accada. Niente altro ci salverà.

Siamo state molto deluse dal decreto legge, recentemente proposto, che affrontava la piaga della violenza contro le donne come problema di ordine pubblico, accomunandola alla violenza negli stadi, a chi ruba i fili di rame, ai No Tav. Questo significa non capire nulla, o meglio far finta di non capire che il problema della violenza contro le donne non è il problema dei violenti ma della cultura e della società tutta. La stessa società che, nonostante la Costituzione avesse sancito l'uguaglianza dei cittadini e la pari dignità, tollerò fino al 1956 la legge dello *jus corrigendi*, che dava al marito facoltà di pene corporali nei confronti della moglie qualora ritenesse dovesse essere "corretta".

Non crediamo neanche alle "lezioni di buona educazione" che, ogni tanto, insegnanti di buona volontà impartiscono nelle scuole a ragazze e ragazzi. E tanto meno crediamo sia giusta e buona la denuncia spettacolarizzata della violenza nei mezzi di comunicazione, anzi pensiamo che faccia male alle ragazze per la naturale identificazione con la vittima, con la parte debole, e male ai ragazzi per i possibili sensi di colpa e l'identificazione con la parte comunque forte. Lottare, poi, contro gli stereotipi nei libri di testo è ottima cosa ma pensiamo non basti. Per quanto ci riguarda ci auguriamo un mondo dove nessuno sia servo di qualcun altro e dove ognuno pulisca ciò che ha sporcato.

Che fare, allora. Abbiamo parlato di autostima, unica soluzione possibile. Ma la stima di sé comincia sempre prima di noi. Per essere, la stima di sé ha bisogno di due cose: l'ammirazione per coloro che sono venuti prima di noi e le aspettative di chi ci sta intorno. Questi sono i due nutrimenti necessari. La nostra società di aspettative nei confronti delle donne ne ha ben poche, lo sanno tutte le donne che hanno voluto e vogliono mettere al servizio della società i loro talenti, le loro ambizioni. Tutte possono raccontare strade faticosissime. E l'ammirazione per chi è venuta prima di noi è semplicemente impedita. Le donne della storia, le filosofe, le scrittrici, le artiste, le scienziate sono dimenticate. La scuola non le racconta.

Noi crediamo profondamente nella differenza tra uomini e donne. L'uguaglianza non è per noi un valore, se non nella dignità e nel diritto. Crediamo nella differenza come ispiratrice di una giustizia migliore, una società più accogliente, più equilibrata. Uomini e donne hanno corpi differenti, differente storia, differente cultura. Noi donne veniamo da una storia pesante e dolorosa, ma che ci ha insegnato molto, questo è il nostro tesoro. Pensiamo che sia tempo di mettere al lavoro questa differenza per una nuova concezione del mondo, per una nuova visione della società. Uomini e donne insieme nel governo della cosa pubblica, nel pensare, nel fare scelte che riguardano la vita di tutti, nella scienza. A questo bisogna preparare ragazze e ragazzi.

Pensiamo, l'abbiamo detto, che per dare forza, stima di sé e rispetto di sé alle ragazze, come ai ragazzi, siano necessarie delle figure da ammirare. Le ragazze hanno bisogno di figure di riferimento forti, donne che hanno dato il meglio di sé, esempi da seguire. Questo è un nutrimento simbolico necessario. Ma la nostra scuola insegna solo ad ammirare gli uomini e le loro opere.

Le poche donne che restano nei programmi finiscono per rappresentare delle eccezioni, il loro potenziale simbolico è nullo, la loro forza resta intransitiva. Ai ragazzi si mostra un mondo di uomini, alle ragazze è riservato uno specchio vuoto. Il che è male per entrambi.

Non era grave in un mondo dove le donne vivevano sotto tutela, non potevano accedere alle professioni, non potevano amministrare i loro beni, non votavano, non potevano deporre in tribunale. Ma oggi no, oggi una ragazza sceglie cosa vuole studiare, può viaggiare, vota, può scegliere con chi condividere la propria vita, di avere figli o no se non li desidera, vivere dove vuole. Ma la scuola di oggi per lei è ancora quella ottocentesca nelle sue linee fondamentali. Le donne non ci sono, non si ricordano, non si studiano, non esistono.

Dove sono Maria Montessori, le donne che hanno covato l'Illuminismo nei loro salotti, Madame Curie, santa Teresa d'Ávila, le donne che hanno fatto la loro parte nel Risorgimento, le tantissime poete, le grandi scrittrici, le matematiche, Simone Weil, Hanna Arendt? Non ci sono, se non per la buona volontà di alcuni insegnanti disposti a "fuori programma". Perché non si celebra l'8 marzo come giorno della memoria del cammino delle donne verso la libertà? Perché non si raccontano ai ragazzi e alle ragazze le tappe di questo cammino luminoso?

Degli psicologi, reduci da un'inchiesta in tre licei della Regione Umbria, ci raccontavano della grande difficoltà in cui si trovano oggi le ragazze per il semplice fatto che l'assenza di figure forti di riferimento entra in contraddizione con la libertà di cui godono, creando spaesamento, confusione, senso di solitudine, debolezza.

Lei non era ancora Ministra quando si è indetto l'ultimo concorso per i nuovi docenti. Nel programma di Letteratura italiana, su cui dovevano rispondere i candidati, su trenta autori c'era una sola donna: Elsa Morante. Anche questo è femminicidio. Si dice che le donne debbano andare avanti solo con il merito, ma alla povera Grazia Deledda, evidentemente non è valso nemmeno il premio Nobel.

Gentile Ministra, ci rivolgiamo a lei perché in questo momento è la persona che può fare di più in assoluto contro la violenza alle donne, ma non solo, è la persona che può rendere questo paese più civile, più equilibrato. La rivoluzione, non abbiamo altro termine, può cominciare solo dalla scuola, può essere solo nella formazione. Cambiare urgentemente i programmi. Ma non solo. Ridare dignità alla figura del docente, non farlo vivere sulla soglia della miseria, non farne un vinto. E rendere difficilissimo diventare insegnanti, che non sia una professione di rimedio ma di vera vocazione.

Confidiamo molto in Lei. Grazie per la sua attenzione.

La lettera non ebbe risposta.

Per vanto, per tigna, per orgoglio*

È ricominciato il teatro della politica. Chi vince, chi perde, chi ha la battuta pronta, chi ha la lingua più sciolta, chi è più furbo, più abile, più spiritoso. Uno spasso oppure la disperazione.

Pochi giorni fa in una delle mie tardive incursioni al mercato, quando già tutti stanno sul piede di partenza e le cassette ormai tutte impilate, ho visto un dignitoso signore che tra gli scarti a terra di frutta e verdura, raccoglieva quello che ancora era possibile raccogliere. Raccoglieva con eleganza come fosse in un orto o in un giardino e non sul pavimento sporco e fradicio del mercato all'ora di chiusura. Per me non è stata solo pena, ma un brusco viaggio nel tempo a quando i miei figli erano piccoli e, alla vista di qualcuno che chiedeva l'elemosina, mi chiedevano chi era, perché... Spiegare la miseria è stata per me, giovane madre, uno dei compiti più difficili. La miseria è difficile da spiegare perché fa tanta vergogna. Fa vergognare perché è colpa di tutti.

Viviamo in un tempo in cui è difficile raccontare la miseria. Tutte le mattine invece ci aspettano gli annunci: il Paese è più povero, siamo tutti più poveri. Ci informano che i consumi calano, non si vendono più automobili,

---

* *La 27esima ora*, *Corriere della Sera*, gennaio 2013.

si viaggia di meno, i saldi sono un flop! Non possiamo più consumare allegramente, ce lo dicono i numeri, le statistiche, i bilanci. L'annuncio più spaventoso è quando ti comunicano che gli investitori fuggono. Così la nostra immaginazione si popola di figure misteriose: gli investitori che fuggono, lo spread che si alza e si abbassa, il debito *pro capite* che ogni bambino che nasce, creatura innocente, trova già pronto al suo arrivo. Poi ci sono i moniti della BCE, se non della Banca Mondiale o di Draghi in persona, il cui solo nome porta con sé visioni poco serene. In verità poche persone sanno quello che sta succedendo, questi sono gli esperti e i tecnici, lontani mille miglia da tutti noi. Tra di noi c'è chi un po' si districa, c'è chi un po' fa finta di capirci, la maggioranza si arrende e si affida. Questo affidamento è la cosa più pericolosa, perché così non si è più veramente cittadini anche se ti sembra.

Chi ci può salvare da un destino così misero è chi è capace ancora di raccontare la miseria fuori dai numeri. Chi è capace di ricordarci che il destinatario della miseria è sempre un corpo umano e chi considera tra i "beni comuni" anche tutti noi, giovani, vecchi, donne e bambini, tutti insieme, tutti in carne e ossa.

Al mattino alla radio ascolto spesso *Prima pagina*, un programma dove un giornalista commenta le principali notizie dei quotidiani e poi dialoga con coloro che chiamano per telefono per parlare delle loro personali esperienze. Lì si possono ascoltare i racconti, che sono spesso crudi e terribili ma mai misteriosi. Pochi giorni fa una donna raccontava che, per via dell'eliminazione del servizio di un pulmino garantito dal comune del suo paese, non avrebbe potuto più permettersi di fare la dialisi tre volte a settimana e che quindi aspettava di morire. Un'altra donna raccontava che suo figlio non aveva più l'insegnante di appoggio, perché il budget della scuola non poteva più garantirlo. Quella donna temeva per suo figlio un destino crudele in un mondo crudele. Il suo amore, raccontava con dignità, non sarebbe bastato a proteggerlo. Un'altra donna confessava con stupore di come il suo affetto per i due genitori ormai disabili stesse mutando a poco a poco nel suo cuore in un inaspettato risentimento. È un effetto della stanchezza, diceva quasi vergognandosi, perché non riceveva più alcun aiuto. Con questi racconti ecco che l'economia si materializza, così i tagli alle scuole, alla sanità si fanno vedere per quello che combinano e scombinano, per quello che hanno a che fare con i destini delle persone. Le storie sono tante, diverse, ma hanno sempre una cosa in comune: è sempre una voce di donna che racconta. Le donne sono capaci di raccontare e di svelarci cosa i numeri non fanno vedere.

Perché è soprattutto su di loro che si abbatte la crisi, questa come tutte le crisi della storia, come le guerre, le carestie, le epidemie. Sono sempre state le donne a pagare i prezzi più alti. Camus, ritirando il premio Nobel, dichiara che gli esseri umani sono divisi tra coloro che fanno la storia e coloro che la subiscono e che lui si sarebbe sempre schierato con questi ultimi. Tra questi ultimi ci sono le donne. Non ce ne dobbiamo vergognare. È proprio per questo che sappiamo raccontare gioie e dolori meglio degli altri. Ancora a noi, per ora, appartiene la modestia del racconto, quello che non si fa con la penna, ma con la voce. Siamo capaci anche noi di farne arte, certo, ma per la politica sono più importanti i racconti senza pretese.

Questa volta, speriamo, tante donne entreranno in Parlamento. C'è addirittura chi parla di una vera rivoluzione. Anche io ho lavorato tanto perché questo succeda, quindi ne sarei molto contenta. È un primo importante passo, ma non è questa la rivoluzione delle donne, sia chiaro. La vera rivoluzione sarà se le donne saranno capaci di parlare con la propria voce, quella della loro storia, quella appunto che sa raccontare. Rivoluzione sarà se non se ne dimenticheranno, se non se ne vergogneranno, se sapranno riconoscere questa voce tra le tante e la sapranno ascoltare dentro e fuori di sé. Insomma, voglio dire che la vera rivoluzione sarà solo se riusciranno a restare donne.

Sembra un paradosso, vero? Come si fa a non parlare con la propria voce, a parlare con la voce di un altro? Eppure capita alle donne, soprattutto in politica, perché la politica è sempre stata il mondo degli uomini, il mondo del loro potere, delle loro decisioni. E non ha importanza se queste decisioni hanno portato a dei grandi disastri, se scelte sbagliate hanno prodotto milioni e milioni di morti. Comunque gli uomini si sentono autorizzati alla politica e pensano che quello sia il loro territorio, la storia di tanti errori non riesce a delegittimare questa loro certezza. Di fronte a tanta sicurezza, le poche donne che fino a oggi sono entrate a fare parte di questo mondo hanno finito per parlare con un'altra voce. C'è da dire che viene quasi naturale, come entrando in un coro spontaneamente si segue la voce dominante. Ci sono state delle eccezioni luminose verso le quali ogni donna è debitrice, ma queste eccezioni non hanno fatto ancora la rivoluzione. Così chi ci governa è ancora lontano dalla vita quotidiana, sa poco di cosa succede nelle case, ha magari il sapere dei numeri, o la sua presunzione, ha, o crede di avere, l'arte delle alleanze, ma non ha la voce del racconto, né la capacità di saperla ascoltare. Le donne al seguito.

Con questa storia dei numeri che, avrete capito, io uso come artificio retorico, non vorrei deludere la mia amica Linda Laura Sabbadini, perché lei è una di quelle persone che ai numeri mette l'anima, consegnandoci un Paese più leggibile seguendo parametri di pura umanità.

Personalmente soffro quando sento rivendicare la formula del 50 e 50.[1] Detta così, sembra un'arroganza, una spartizione ladronesca, tanto a me tanto a te, un gesto di giustizia rudimentale, la giustizia dell'invidia bassa, come la definirebbe Simone Weil.

Si tratta, in realtà, di un'idea tutta nuova, inedita alla storia, del governare insieme di uomini e di donne, non perché gli uomini e le donne sono uguali, ma proprio perché sono differenti, due corpi differenti, due storie differenti, due sguardi differenti. Anche la formula di "democrazia paritaria" con cui si vuole significare questa nuova teoria di governo non mi soddisfa, perché l'idea della parità è talmente estranea alla realtà umana che questa formula finisce per significare una sorta di idealità troppo astratta. L'"insieme" di cui si parla non sta a garantire un mondo più giusto, ma solo un mondo più equilibrato, che funzioni meglio per tutti, garantito dal doppio sguardo di due esseri che sono sempre stati vicini, ma non sono stati mai vicini per governare i beni comu-

---

[1] Le quote per un'equa presenza di donne e uomini nelle istituzioni sono state oggetto di grandi polemiche anche tra donne.

ni, i beni, cioè, che appartengono a tutti coloro che condividono l'esperienza umana finalmente senza servi né serviti.

I segretari dei partiti che hanno accolto questa idea sono stati più conformisti che veramente interessati, non hanno capito la portata rivoluzionaria di una teoria come questa. Passare dalla civiltà dell'uno alla civiltà del due è un cambiamento epocale. Non ho registrato né commozione né sgomento.

Le donne ne saranno all'altezza? Il gioco è tutto in mano loro.

Personalmente credo che a salvarci dalla crudele deriva liberista potrà essere solo il sapere delle donne e il loro modo di stare al mondo, se le donne, però, riescono a coglierne il valore. Ma sapranno rendere i racconti che hanno ascoltato, che hanno fatto, strumenti di una politica più attenta alla vita? Sapranno armonizzare la politica dei racconti con la politica dei numeri? Sapranno non dimenticare di essere donne? Altrimenti non vale la pena, meglio sarebbe fare altro.

Certo per loro il compito non è facile, ma le donne hanno una chance in più, secondo me.

Gli uomini hanno dietro di loro un'età dell'oro che è sfuggita per sempre dalle loro mani, legata a un ordine che non c'è più. Quest'ordine voleva le donne sottomesse, a casa con i bambini sorridenti o al giardino, con pochissima istruzione, che tanta non serviva, donne dall'intelligenza disinnescata, che non potevano amministrare i loro beni, che non potevano deporre in tribunale, sempre a totale disposizione per desideri, capricci e soprattutto servizi. Rarissimi uomini nella storia hanno sofferto per le condizioni misere delle donne. Quest'ordine ogni onest'uomo lo rimpiange nel segreto della sua anima ancora oggi, anche se non tutti sarebbero disposti a confessarlo. Per questo sentimento segreto le donne ai loro occhi, sia nel mondo della politica sia in quello degli affari, della scienza e dell'arte, resteranno delle intruse chissà per quanto tempo ancora. Per loro siamo ancora disordine. È bene non dimenticarlo, dovendo fare "un insieme".

Noi donne invece non abbiamo niente da rimpiangere, nessuna età dell'oro alle nostre spalle, nessun ordine ci fa nostalgia, proprio per questo possiamo guardare avanti a occhi asciutti con animo saldo e piede leggero. Questa è la nostra forza, basta cercarla dentro di sé. Possiamo vincere un premio Nobel ma anche raccontare la vita vera come nessuno, perché nessuno la conosce come la conosciamo noi. E poi apparteniamo a quel popolo eletto che si lava le sue mutande da sé e continueremo a lavarcele, per vanto, per tigna e per orgoglio. E questa non è una metafora.

Un grande augurio a tutte le donne che saranno elette, che possiate fare del vostro meglio.

Basta lacrime*

Per prima cosa vogliamo ringraziare la Commissione per il suo interesse al nostro punto di vista. La violenza contro le donne è cosa antica, una costante della storia; tuttavia non rientra in quelli che possiamo definire comportamenti istintivi, naturali, è sempre radicata nella cultura e nella storia.

Picchiare o uccidere una donna cinquecento anni fa non ha lo stesso senso che ha oggi.

Per contrastare la violenza, quindi, è necessario capire da dove proviene, cosa racconta, cosa pretende oggi. Perché la violenza ha sempre un senso.

Oggi una donna ha accesso all'istruzione, tutte le professioni le sono possibili, nessuno ha più il diritto di picchiarla, amministra i suoi beni, vota, viaggia, sceglie con chi vivere e può cambiare idea. Meno di cento anni fa nel nostro Paese tutto questo era impensabile.

Ma vogliamo sottolineare un altro passaggio importante che spiega il senso della violenza oggi. Oggi una donna può dire a un uomo "tu sarai padre se lo voglio io, quando lo voglio io". Questa frase non tutte le donne sono decise a pronunciarla; tuttavia, dobbiamo tener pre-

* Audizione presso la Commissione Affari Sociali come "Se non ora quando Factory", Roma, 2013.

sente che è una possibilità del nostro tempo. E questa frase è un colpo pesantissimo e definitivo all'assetto patriarcale ancora presente fortemente nella nostra società. Ora, se non riusciamo a valutare le implicazioni, le conseguenze e la reazione conscia e inconscia a questo fatto nuovo, non riusciremo né a capire, né ad affrontare, né tantomeno a risolvere il triste fenomeno della violenza oggi. È quindi la libertà e la forza delle donne che scatena la violenza, che le fornisce un senso oggi. È dunque necessario cambiare paradigma. La lettura che vede l'uomo carnefice e la donna vittima, l'uomo forte e la donna debole, è frutto di un'analisi rudimentale e semplicistica.

La società in cui viviamo è ancora profondamente impreparata alla libertà delle donne. Quando diciamo "società" intendiamo dire che anche noi donne siamo impreparate alla nostra libertà e alle sue conseguenze. Può sembrare un paradosso ma non lo è.

Si tratta quindi di preparare la società tutta. Qui non si tratta di pari opportunità ma di un cambio di civiltà, a cui tutte e tutti siamo chiamati a contribuire. Un lavoro immenso e molto lento. Dovrà cambiare il racconto del mondo in cui viviamo e dovremo anche cambiare la forma di questo racconto. Per questo l'istruzione, la formazione, l'informazione hanno un'importanza capitale.

La scuola, la televisione, i mezzi di comunicazione non danno ancora conto di questo cambiamento, al contrario sembrerebbero occupati a resistergli. La scuola italiana continua a raccontare un mondo di soli uomini. Se prendiamo un'antologia della letteratura italiana ci accorgiamo del femminicidio in azione: le donne presenti "sopravvissute" sono pochissime. In televisione poi le donne muoiono tutti i giorni a tutte le ore. Ci è capitato di guardare alle due del pomeriggio, sul secondo canale Rai, tre telefilm uno di seguito all'altro, il primo raccontava di una bambina sequestrata da un pedofilo assassino, il secondo di una donna maltrattata e poi strangolata, nel terzo una donna veniva annegata in una piscina. È stata un'esperienza allucinante anche perché, trovandoci in fascia protetta, irrompeva di tanto in tanto la pubblicità che raccomandava pannolini, merendine, latte in polvere. Possono i bambini assistere a tutto questo? E le bambine? Ci si chiede chi compera questi programmi, chi decide le fasce orarie, cosa fa la commissione di controllo? Per contro esistono anche i programmi che affrontano il tema della violenza, che parlano delle morte ammazzate, delle loro storie con rammarico, inscenando un cordoglio generale. Anche questi programmi, a nostro avviso, sono dannosissimi.

Insomma, oggi la violenza contro le donne fa spettacolo, tanto che si rischia l'assuefazione scivolando verso una sorta di autorizzazione involontaria. Il racconto della violenza nei mass media è spettacolarizzato. Questa volontà così tenace di mostrare la donna vittima è così reiterata da diventare una sorta di perversa pedagogia. "Potrebbe succedere anche a te" diventa il messaggio neanche troppo segreto, insieme monito e minaccia. La violenza contro le donne è troppo presente in tutti i mezzi di comunicazione, tanto che ci si rende conto di vivere una vera e propria controriforma in risposta proprio alla libertà che le donne hanno conquistato.

La violenza contro le donne è un problema che va affrontato in modo laterale, non servono raccomandazioni, né consigli, né prediche, né racconti pietosi, questo vale per tutti i mezzi di comunicazione. Noi pensiamo che solo la stima di sé possa salvare le donne dalla violenza, perché le renderà capaci di riconoscere la violenza prima che accada, le aiuterà a non affidarsi ciecamente e a contare sulle proprie forze. Il resto, le leggi, i provvedimenti, l'ascolto possono aiutare, ma la stima di sé è l'essenziale. Per questo tutti i mezzi di formazione e informazione sono determinanti.

Le donne, le ragazze, le bambine hanno bisogno di storie di donne, di figure femminili forti che consentano loro un'identificazione positiva. Hanno bisogno di essere raccontate fuori da quel senso aggiuntivo che troppo spesso le significa. Hanno bisogno di raccontarsi anche con allegria fuori dall'immaginario maschile. Troppo spesso questo immaginario molto forte le connota come oggetto di desiderio e le mette in trappola.

Fuori da questa trappola la vita sarà più facile per tutti, perché più vera. Basta lacrime.

Lettera a Matteo Renzi*

Caro Matteo Renzi,

per prima cosa questa vuole essere una lettera di auguri, non solo natalizi, come può ben immaginare. Auguri che questo vento improvviso, che quest'arietta frizzante che era tanto tempo che non sentivamo, riesca a portare la barca in porto.

Simone Weil diceva che non bisogna avere paura del vento, piuttosto bisogna avere una grande attenzione a come mettere le vele. Lo stesso vento che ci può portare in porto può farci affondare. Importante è conoscere il vento, conoscere le vele. Insomma auguri per tutti noi, credo proprio che ne abbiamo bisogno.

Ho votato per lei alle primarie e ho anche lasciato al banchetto cinque euro, gesto di cui poi mi sono pentita. Troppo cinque euro, no? Troppo per un partito che non si è fatto amare, che spesso mi ha fatto soffrire, che mi ha deluso tante volte. Ma questo conta poco, in politica non bisogna essere sentimentali. Voglio dire: conta poco la mia persona di fronte alla catastrofe della politica italiana a cui il suo partito ha ampiamente contribuito. Perdita di

---

* Lettera mai spedita a Matteo Renzi in occasione della sua vittoria alle primarie di partito, Roma 12 dicembre 2013.

senso, perdita di virtù, perdita di verità. E di conseguenza perdita di coraggio, di energia, di desiderio.

Insomma, poveri in tasca e poveri in testa.

No, non sono iscritta al suo partito, ma il suo partito resta ancora uno dei pochi luoghi possibili. Ecco perché ero lì. Mentre facevo la fila per poterle dare il mio voto, un po' parlavo, un po' mi guardavo intorno. Tanti erano come me e mi chiedevo: come possiamo definirci? Non siamo iscritti, non siamo militanti, non siamo simpatizzanti.

Non interpreti la partecipazione al voto così alta in modo trionfante, come segno di forza, sarebbe sbagliato. Era l'ultimo gesto. Lo dicevano tutti. Dicevano: "È l'ultima volta. Sì, sì, è l'ultima volta".

Eravamo dei sopravvissuti, dei reduci. Le metafore della guerra delle volte svelano ai nostri stessi occhi quello che abbiamo passato.

Di questo ne tenga conto.

Perché ho votato per lei? Per il suo coraggio di mettersi di fronte all'"apparato" più antico della politica italiana e dire ad alta voce "Vi rottamo", ma anche per il suo atteggiamento senza sconforto nelle sconfitte. Mi è molto piaciuto il suo discorso alla sconfitta delle prime primarie. Apprezzo la sua tenacia, l'energia. Quel modo di parlare sicuro e instancabile, sarà perché sono un'ex balbuziente e parlare mi fa ancora fatica. L'ho votata per un bisogno di discontinuità e sotto sotto anche, ma questo me lo dico solo nei momenti peggiori, per una certa voglia di catastrofe, sa, quella voglia assassina che prende quando tutto sembra ripetersi e non si vede via d'uscita.

Mi presento. Sono una vecchia femminista, vecchia perché sono vecchia, femminista perché è il femminismo che ha dato senso alla mia vita. L'essere donna ha dato senso alla mia vita. Sono stata iscritta a un partito solo una volta, alla cellula della Facoltà di Lettere e Filosofia del Partito Comunista. Eravamo in pochi, forse sette o otto. Non durò molto. Un giorno ci dissero che eravamo filocinesi e ci buttarono fuori. Nessuno di noi sapeva bene cosa volesse dire, ma finì lì. Lei non era ancora nato.

La politica per me è sempre stata una necessità perché una donna, per poter vivere bene, deve avere in testa che il mondo deve cambiare e agire di conseguenza.

Lei mi piace, ma l'avverto che non saremo sempre alleati, così vuole la mia politica che non segue logiche di partito, non delega niente a nessuno e riguarda la metà del genere umano e di conseguenza anche l'altra metà.

Anche io sono stata scout, le rivolgo quindi un saluto che riconoscerà: buon cammino, per lei e per tutti noi.

Le donne della Costituzione siamo noi?*

Sono qui per raccontarvi in breve la genesi e le ragioni di questo incontro.

Non devo risalire a molto tempo fa, in realtà questo tempo dura ancora.

C'è chi vuole cambiare la Costituzione, dicono, per rendere più efficiente il governo di questo Paese e chi invece sostiene che la nostra Costituzione sia la più bella del mondo e che non si debba assolutamente toccare. Comunque i toni sono troppo alti e danno l'idea più di una lotta di potere che di un vero spirito costituente.

Fu all'inizio di questo scontro/incontro che con Mariella Gramaglia ci siamo chieste cosa pensassimo. Questa domanda e una rilettura attenta della Carta hanno riaperto una ferita. Avevamo qualcosa di più urgente. Così la domanda si trasforma in tante domande già note per noi. Chi sono le donne che la Carta nomina? Dove sono? Dove vanno? Ci somigliano? Ci piacciono? Sono vere? Siamo noi? Mariella era una guerriera, gentile e dolce quindi ancora più forte. Decidemmo di portare avanti il discorso, di riaprirlo di nuovo.

Per questo siamo qui oggi.

---

* Convegno "Se non ora quando Factory", Palazzo delle Esposizioni, Roma 31 ottobre 2014.

Riaprirlo e continuarlo, perché il femminismo si era già interrogato e anche numerose donne in altri ambiti si erano poste queste domande. Anche oggi questo discorso continua a essere aperto. Ma c'è da dire che un passo decisivo per produrre un cambiamento non è stato ancora fatto. Le intenzioni sono rimaste nel cuore e nella mente e la nostra Costituzione, per quanto ci riguarda, è sempre tale e quale a quando è stata scritta. Le nostre riflessioni sono state una grande e appassionata esercitazione. Ma oggi che stiamo vivendo tutti il tentativo di un nuovo assetto, oggi che la presenza delle donne nelle istituzioni comincia a essere significativa e che l'idea del "governare insieme" comincia a farsi strada anche nel senso comune delle persone, oggi le esercitazioni non bastano più. Ci vuole più coraggio.

No, la nostra Costituzione per noi non è la più bella del mondo. Fa delle donne soggetti da tutelare e ci consegna una cittadinanza dimezzata.

Con questo non vogliamo sconfessare il lavoro delle nostre madri costituenti. Si parla sempre di padri, certo erano la maggioranza, i padri erano 535, le nostre madri costituenti erano 21. Il compito di tutti era rifondare i modi e le regole dello stare insieme dopo l'esperienza tragica e rovinosa della guerra, dopo il tremendo spavento e i grandi dolori che non avevano risparmiato nessuno.

Alle nostre madri costituenti va ancora tutta la nostra riconoscenza, hanno onestamente fatto quello che potevano. Dobbiamo ricordare che le donne avevano appena votato per la prima volta e per quelle donne era la prima volta a essere chiamate alla grande impresa di ripensare lo Stato. Pensiamo alla loro emozione, al grande peso della responsabilità e alla tensione di trovarsi in un ambiente sconosciuto. Ma la cosa importante che dobbiamo ricordare è che queste donne si sono trovate ad affermare uguaglianza e pari dignità tra uomini e donne in presenza di leggi ancora profondamente discriminanti nei confronti delle donne.

Non tutte le leggi che umiliano le donne sono scomparse. I figli ancora non portano il nome della madre. La madre può restare nel cuore e nella mente, ma non nel nome dei propri figli. Segno ancora profondissimo di una cultura e di uno Stato padronal-patriarcale. L'assenza, a tutt'oggi, di una legge che imponga anche il nome della madre invalida per intero il senso della nostra Carta Costituzionale.

Leggere la Costituzione è emozionante e insieme disperante per una donna.

C'è una frase che viene ripetuta spesso che ha il potere di smentire tutte le affermazioni di uguaglianza e di pari dignità. Questa frase è: "... nei limiti consentiti dalla legge". Questo perché la legge era ancora spietata verso le donne. La legge, per esempio, permetteva agli uomini di "correggere" le loro mogli, se a loro giudizio fosse stato necessario, con maltrattamenti anche fisici. Il limite a questa violenza non era dato, la legge non diceva fin dove si poteva arrivare, neanche nella conta dei giorni di ospedale. Quando ci imbattiamo nelle notizie di donne maltrattate, notizie che a noi donne ci riempiono di un dolore speciale, dobbiamo ricordare che, fino a poco tempo fa, quella violenza era legittima.

Quando i costituenti scrivevano nero su bianco della pari dignità dei coniugi, lo *jus corrigendi* era ancora in essere e svelava pienamente che le donne erano fuori dal contratto sociale. Ci sono voluti molti anni perché venisse cancellato dal nostro codice. Come molti anni sono stati necessari a cancellare l'obbligo di seguire il marito ovunque avesse deciso di vivere. E ancora... ma continuare prenderebbe troppo tempo.

Le nostre madri costituenti avevano ben presente queste contraddizioni e si sono adoperate a proteggere, a tutelare le loro simili. Così vogliamo immaginare.

Ma protezione e tutela istituiscono, rendono istituzionale una minorità, una cittadinanza debole.

Se c'è una cosa che è profondamente cambiata in questi anni è la vita delle donne. Ciascuna di noi può ricordare la vita della propria madre e misurare la distanza, la differenza.

La donna non è un soggetto da tutelare, bensì un soggetto che deve pensare regole di convivenza a partire dalle sue necessità.

La maternità non ha bisogno di protezione ma di rispetto, non solo rispetto morale ma rispetto di tempi e di esigenze, e riguarda l'intera società, non solo le donne.

La differenza tra uomo e donna è fondante l'esperienza umana, non è assimilabile alla differenza di razza, religione e di opinioni politiche.

I figli devono portare il nome della madre.

La donna non è "funzione" della famiglia, ma la famiglia è la sua opera, opera da condividere.

Penso che tutto questo vada scritto nella Carta, che la Carta debba un giorno portare il segno del pensiero pieno delle donne, della loro libertà e della loro piena cittadinanza.

La Carta Costituzionale non è un insieme di leggi, ma un racconto, ci si racconta il senso e le regole dello stare insieme, i diritti e gli obblighi.

Fare parte di un racconto nella propria verità è molto importante. Anche le donne sono animali simbolici e quindi hanno bisogno di racconti per crescere e vivere. La Carta deve raccontare tutti senza umiliare nessuno.

Raccontare tutti, perché è la singola vita che impone le regole, perché la singola vita contiene già l'universale dell'esperienza umana. Per questo siamo tutti potenziali costituenti. Sentirsi raccontare nella propria verità è importante per poter dare il meglio di sé.

In tanti potrebbero dire "cosa andate a pensare proprio in questo momento!"

È sempre giusto il tempo per la verità, non intendo la verità con la V maiuscola, quella dei filosofi, ma la verità della vita quotidiana, quella radicata sulla terra, la verità dei corpi e degli affetti. Per la verità, dice Luisa Muraro, bisogna fare acrobazie. Con la verità bisogna insistere, diceva Gandhi.

Art. 3, Art. 22, Art. 29, Art. 37, Art. 51.

Abbiamo scelto cinque articoli della Costituzione. Abbiamo chiamato cinque donne a dire quello che ne pensano. Ciascuna di loro ha a disposizione solo quindici minuti. Sono due grandi del pensiero femminista, due eccellenti professioniste e una giovane e attenta filosofa che oggi siede in Parlamento.[1]

Non sappiamo quello che diranno, non abbiamo dato una "linea". Sarà una sorpresa anche per noi. Le immagini che vedrete sono state scelte da Francesca Comencini, montate da Ilaria Fraioli. La parte grafica è stata cura-

---

[1] Luisa Muraro, Lea Melandri, Giulia Bongiorno, Marilisa D'Amico, Michela Marzano.

ta da Eva Macali. Gli articoli della Costituzione saranno letti dalla brava attrice Lucia Mascino, che ringraziamo.

Il gioco comincia qui, il gioco più serio che ci sia, naturalmente. Godiamocelo insieme.[2]

---

[2] Dalla registrazione di quest'incontro è stato tratto un libro: *In contropiede. Le donne rileggono la Costituzione*, EDIESSE, 2014.

2016-2017

Comincia a entrare in circolo un tema fortemente divisivo tra le donne: l'utero in affitto. Una donna può mettere a disposizione il suo utero a pagamento per fabbricare un bambino per una coppia che non riesce, per motivi vari, a concepire? Oppure per una coppia di due uomini? Due donne in coppia in genere ci pensano da sole.

Il 20 maggio viene approvata la legge delle unioni civili, persone dello stesso sesso sono riconosciute come coppie, non è proprio un matrimonio ma quasi, si può adottare il cognome del partner, c'è l'obbligo reciproco di assistenza morale e materiale, si può optare per la comunione dei beni, è prevista la reversibilità della pensione... È il governo Renzi che porta a casa la legge con un voto di fiducia. La legge porta il nome di Monica Cirinnà, senatrice del PD.

Nella sinistra si comincia a parlare di una lobby gay.

In California Nichi Vendola, già due volte presidente della Regione Puglia e segretario di SEL, *diventa padre di un bambino grazie alla maternità surrogata. Non ne fa un mistero, anzi. Questa esperienza diventa oggetto di interviste, interventi nei media, conversazioni. Diventa un tema abbastanza centrale di discussione soprattutto nel mondo della sinistra.*

Il mondo politico delle donne, associazioni, gruppi, movimenti si divide presto in due. La parte libertaria che dice che una donna è libera con il suo corpo di fare quello che vuole, fedeli al famoso slogan "l'utero è mio e me lo gestisco io". L'altra parte dice che una donna non può fare da contenitore per fabbricare bambini altrui. Saranno le donne povere che verranno reclutate. Che questo sarebbe lo sfruttamento più grande che una donna potrebbe subire. Il mercato, quello pulito e quello sporco, è già all'opera, si sta organizzando. Sembra che l'utero in affitto sia più lucroso della prostituzione.

I partiti di sinistra non prendono posizione. Tanto preoccupati per la vita degli operai, dove la parola sfruttamento ancora dà senso ai rapporti tra le classi, tanto indifferenti verso lo sfruttamento estremo delle donne. Così anche il più grande sindacato della sinistra. Evidentemente lo sfruttamento delle donne non fa nessun effetto e ci si adopera a renderlo lecito.

Anche in Snoq Factory sono presenti le due posizioni, è per questo che nessuna iniziativa può essere presa a proposito. Snoq Factory lentamente si disfa come gruppo politico, diventa un gruppo molto light politicamente inesistente. Peccato. Si mantengono però saldi i rapporti amichevoli.

A Roma si prepara una grande manifestazione contro la violenza alle donne. La promuovono L'UDI, Unione Donne Italiane, DIRE, che unisce 77 centri antiviolenza, e Io Decido, che raccoglie numerosi gruppi del femminismo romano. Lo slogan è "Non una di meno", ripreso dalle lotte del femminismo sudamericano contro il femminicidio. L'impegno di tutte è dare una grande prova di forza delle donne e fare approvare dal governo un piano femminista contro la violenza. Si apre una polemica a proposito di un invito/appello che ho scritto per raccogliere firme e adesioni. Si teme la prevaricazione. La manifestazione è un grande successo, il 26 novembre 200.000 donne e uomini sfilano per il centro della città. Ma il risultato politico è scarso.

Nel buio del grembo materno*

Mia cara,

l'utero è sulla bocca di molti, è oggetto di politica, di scambi, di veti e di accordi. Questo oggi ci appare osceno, nel senso suo proprio etimologico: sinistro e di cattivo presagio.

Ricordiamoci che le parole che abbiamo ascoltato, come tutte le parole dette, non sono inerti. Parlare di qualcosa è già possederla.

Sentirsi libere e, allo stesso tempo, assistere a tutto questo ha aperto contraddizioni difficili da sopportare. Ci ha provocato sofferenza e rabbia.

Di questa sofferenza e di questa rabbia vogliamo fare qualcosa. Sentiamo necessario un momento di riflessione comune: una riflessione libera a cui partecipare senza bagagli di saperi accademici, ma con il peso autorevole dell'esperienza di ciascuna.

All'inizio sarà teatro, "... nel buio del grembo materno...", così dice Apollo nelle *Eumenidi* di Eschilo, dove il patriarcato diventa ordine. Un'attrice ci reciterà alcuni

---

* Proposta per una riflessione comune, gennaio 2016. Questo progetto un po' visionario di autocoscienza di massa non è andato in porto. Peccato! Resta però nelle intenzioni.

brani fondanti della cultura a cui apparteniamo e contro la quale lottiamo.

Poi la parola sarà a tutte noi. Nessuna sarà in cattedra. Come ai vecchi tempi, vogliamo ricreare quel "disordine necessario" che ci ha fatto nascere. Ne saremo ancora capaci?

Per la tua storia che è unica ma anche nostra, ti invitiamo a partecipare.

Solo corpi che nulla possono immaginare sul bambino che ospitano*

C'è voluto un po' di tempo per fare sedimentare tutto quello che ho letto sull'utero in affitto. È durata un mese o forse più la pioggia incessante di dichiarazioni, articoli, confessioni, condanne.

Lo so che l'espressione "utero in affitto" non fa piacere ad alcune compagne e amiche, ma proprio di questo si tratta e penso che ogni alternativa a questa espressione, magari meno brutale, ci allontani dalla verità

Di tutto questo materiale non riesco a dimenticare un articolo apparso su *la Repubblica* che raccontava la perfetta efficienza per trovare uteri disponibili di una clinica californiana. Una rapida indagine sulle ragioni della scelta, più routinaria che necessaria, seguita dall'ascolto dei desiderata ed ecco, subito l'utero buono saltava fuori da un fornitissimo database. Poi il contratto.

Si sa che il contratto, come strumento giuridico, testimonia reciproco consenso e con questo legittima, autorizza l'oggetto, senza la necessità di giustificazioni o la pretesa di raccontare storie ma spesso, soprattutto quando si parla di corpi umani, il contratto è spesso la legalizzazione di un sopruso, il suo alibi, può essere brutale.

---

* *La 27esima ora*, *Corriere della Sera*, 5 gennaio 2016.

Sono inciampata sul punto brutale del contratto della clinica californiana. La donna o l'uomo che richiedeva quella determinata prestazione poteva cambiare idea e poteva quindi decidere di fare abortire la donna che stava "lavorando" per lei/per lui.

Nell'articolo si raccontava che, nella scelta del soggetto disponibile, la statistica diceva che erano di molto preferite le lesbiche, perché ... il tutto risulta più pulito, nessuno sperma di "chi sa chi" avrebbe potuto imbrattare, nessun pene avrebbe potuto colpire o solo sfiorare il bambino che sta crescendo lì dentro. Tutto questo in cambio di denaro, molto denaro.

Se da una parte il denaro serve a chi non ne ha e questa potrebbe essere una giustificazione – ho sentito tante donne sostenere questo – dall'altra parte il denaro autorizza, tranquillizza, ti colloca in luogo certo e, nel profondo della coscienza, ti garantisce il perdono. Sì, questo mi ha fatto proprio orrore.

Per farla breve, dico subito qual è la mia posizione in proposito. Se la scienza è riuscita a superare i limiti di un corpo umano, creando la possibilità di nuove relazioni, nuove dimensioni, non sarò certo io a dire di no. Il mio no non varrebbe nulla, avrebbe solo l'arroganza di un gesto impotente. Vorrei ragionare sì sulle condizioni.

Penso che sia bellissimo che una sorella, un'amica cara, una madre possa farmi il grande dono di portare, nutrire e fare crescere dentro di sé una creatura che sarà mia, se mi trovassi nella triste condizione di non poterlo fare. Il bambino che nascerà riceverà un racconto di generosità che lo impegnerà alla gratitudine, il sentimento più civilizzatore che ci sia. Chi l'avrà messo al mondo resterà sotto i suoi occhi, non sparirà. Parole, gesti, sguardi, intrecci. In questo caso l'utero prestato sarà un'esperienza di bene puro, quello vero, quello disinteressato, che farà crescere tutti coloro che ne sono coinvolti.

Non servirebbe contratto, solo un regolamento condiviso, chiaro e più semplice possibile. Ecco, tutto questo vorrei che fosse possibile e legale.

Da tutto questo resta tassativamente fuori il denaro, resta fuori il mercato del migliore offerente, il mercato delle carni più sode. Il mercato delle "fattrici".

Per l'utero in affitto ho soprattutto sentito dire "è giusto", "è ingiusto" e sembra che tutti abbiano buone ragioni da difendere. Io non voglio parlare in termini di giustizia. Voglio invece immaginare, come potrebbe diventare il Paese in cui vivo se venisse legalizzato il mercato dell'utero in affitto. Sensali che battono le campagne alla ricerca di donne povere, e questo sarà soprattutto al Sud, come una volta cercavano le balie da latte, giovani contadine che appena partorito erano costrette a lasciare il proprio bambino per andare a nutrirne un altro, figlio di "signori". Dovevano avere un aspetto sano, forte, senza denti cariati o altre malattie accertate. Il sensale questo doveva garantire. E c'era un contratto ferreo tra le parti che garantiva alla balia uno stipendio, tanti metri di stoffa ogni anno, che andavano a vestire i bambini restati a casa, e un pezzo d'oro o di corallo. Interessante sarebbe studiare questi contratti, ma forse qualcuna l'ha già fatto.

Ma adesso con l'utero in affitto non si chiede solo latte, si chiede molto di più, si chiedono nove mesi di vita e l'occupazione di un corpo umano, un corpo che non potrà immaginare nulla sul bambino che ospita, come in una normale gravidanza, perché il bambino che sente muovere non sarà suo e quindi dovrà pensare ad altro o non penserà, se pensare risultasse troppo doloroso.

Il mercato si organizzerebbe subito, non chiede altro. Il mercato è un lupo dinamico e pieno di immaginazione. Ci saranno delle "case di attesa" per garantire l'"acquirente" sulle condizioni igieniche necessarie e un nutrimento corretto delle donne fattrici? Case a 5 stelle, a 4, a 3, a 2. In campagna, in città, al mare. I prezzi varieranno. Con i soldi si può fare quasi tutto.

Ci saranno delle visite mediche preventive molto serie, anamnesi severe per diventare fattrici? Ci saranno fattrici di serie A, di serie B, di serie C. Per chi fornirà anche l'ovulo, ci saranno parametri in più: le bionde, le brune, le alte, le bassette, le magre, le grassette, la coscia lunga, "come sono i piedi? Come sono le mani?", ma tutte dovranno essere sane e belle, sì, belle. Beh, sul fatto di dover essere belle, non ci dovrebbe scandalizzare più di tanto, perché la cultura a cui apparteniamo attraverso mille e mille segnali a partire dalla nascita ci ha fornito di una sorta di eugenetica interiore con cui ogni donna, o quasi, ha a che fare quotidianamente.

Adesso voglio dire la cosa che più mi sta a cuore, la vera ragione per cui sto scrivendo, e che non ho sentito dire da nessuna.

Le possibilità che la scienza oggi offre sono a nostro favore, sono a favore delle donne. Se una giovane donna vuole far carriera congelerà i suoi ovuli dei vent'anni e deciderà poi, quando le converrà, di farne qualcosa di vivo, magari mai. Forse sarà l'azienda stessa dove lavora a offrirle questa opportunità, se la considerasse un elemento, dinamico, efficiente, creativo da non perdere. Forse non ci sarà più la necessità delle dimissioni in bianco perché il problema si risolverà così.

Noi vogliamo che le donne viaggino, studino, conoscano il mondo e le sue regole. Vogliamo che le donne governino, decidano. Per tutto questo oggi noi lasciamo i nostri bambini nelle mani di tate fidate, perché non potremmo lasciare anche i nostri bambini da far nascere nella pancia di una donna fidata? Avremmo molto più tempo, potremmo fare molte più cose. Saremo molto più libere.

Libere? Eccoci al punto. La libertà di cui stiamo parlando è la libertà di cui hanno goduto gli uomini da sempre. Senza bambini, senza panni caldi, senza nausee, senza latte, senza mestruazioni, il corpo maschile ha rappresentato la perfezione per secoli e secoli. È questa libertà che vogliamo? Ci deve essere ben chiaro quello che sta succedendo: si sta appannando il fronte della differenza con gli uomini e si sta rafforzando come non mai il fronte della differenza tra donne ricche e donne povere. Questo è il mondo in cui ci piace vivere? È questo che vogliamo?

Ce lo dobbiamo proprio chiedere a questo punto, perché questa faccenda è solo nelle nostre mani. Dipenderà da noi. Gli uomini c'entrano poco e niente, potranno dare un parere, un giudizio, una minaccia, una condanna, ma il corpo delle donne è delle donne soprattutto oggi, e sono le donne che faranno o non faranno, che sceglieranno o rifiuteranno.

Perché soprattutto oggi? Le donne sono soggetti centrali della società, non esiste società senza donne, sono sempre state centrali, da che mondo è mondo, ma ora sono libere come non lo erano fino a poco tempo fa. Ora sono centrali e libere. È questa la grande novità.

Che scherzo! Noi donne che fino ieri non sapevamo cosa fosse la libertà, che fino a ieri la nostra parola non valeva neanche per una testimonianza. Tocca a noi decidere se continuare a cadere nella libertà degli uomini o pensare che forse è ora possibile governare con un'altra idea di libertà.

Come pensano le donne la libertà? Come amano vivere? Cosa è per loro una buona vita? Su questo dovremo chiamarci a lavorare e dirci le cose più chiaramente. Vogliamo ancora schiavi e padroni? Vogliamo che sia il denaro il medium universale? Vogliamo che sia il potere a fare ordine nel mondo? Vogliamo che sia la forza la ragione di ogni vittoria? Dovremo rispondere a queste domande. Ma queste risposte non le potremo trovare che nella nostra storia e non nella sua cancellazione.

Spesso mi chiedono cos'è una donna, rispondo provocatoriamente che non lo so. Non so cosa sia una donna, ma so perfettamente che ne ha fatto la storia: un soggetto fortissimo che ne ha passate tante e che sta ancora in piedi. Io continuo a investirci le mie speranze, ma forse, chissà, il mercato riuscirà là dove gli uomini della storia non sono riusciti e si mangerà anche loro.

La mia scrittrice preferita[*]

Cara Paola,

mi chiedi di fare un articolo sulla mia scrittrice preferita e mi metti in grande imbarazzo perché non ho una scrittrice preferita, ne ho tante che mi hanno toccato il cuore. Se devo fare una differenza tra gli scrittori uomini, che pure tanti sono nel mio cuore, e le scrittrici donne è che i libri degli uomini mi hanno parlato del mondo e le scrittrici donne, parlando del mondo, hanno parlato di me. Le più brave hanno parlato di me. Tutti scrittori e scrittrici mi hanno parlato, ma solo le scrittrici hanno saputo parlare di me, non tutte naturalmente. Penso però che i bravissimi parlano di tutti noi, così fa Shakespeare, Virginia Woolf, Cechov...

Ho avuto un'insegnante grandiosa, meglio, una Maestra, che un giorno, intuendo la mia inquietudine – avevo sedici anni e cominciavo a capire che il posto che il mondo mi riservava era al più un angoletto periferico – mi disse: tutto quello che è stato scritto, tutto quello che è stato dipinto, tutto quello che è stato composto, è stato fatto per te, Alessandra, sei tu che leggerai, guarderai,

---

[*] *Donne Women Femme*, 27 maggio 2016. La lettera è indirizzata a Paola Masi, economista, femminista, ha fatto parte del collettivo Studio Ripetta di Roma ed è direttora di *DWF*.

ascolterai e sarai tu che dovrai riconoscere quello che ti piace, quello che ti resterà nel cuore o quello che potrai dimenticare. Così lei mi mise al centro e mi restituì il mondo intero. Una vera epifania, quella felicità mi abita ancora. Era una suora orsolina, insegnava arte e letteratura italiana, si chiamava Suor Maria Maddalena. Mi piace celebrarla ancora. Grazie.

Non sono mai stata Lucia Mondella, non sono mai stata Emma Bovary, non sono mai stata Anna Karenina. Anzi ti devo confessare che recentemente ho riletto Anna Karenina e non vedevo l'ora che si buttasse sotto il treno. Pazienza per le indignate critiche che riceverò, ma è la pura mia verità. Per estrema testimonianza di amore disinteressato cito James, il cinico e sadico James, che mi piace tanto ma oggi insopportabile per me, che ci racconta di ragazze sane, belle, ricche, colte e poi le uccide, le umilia, le strazia, le perde. Dice la verità? Certo dice la verità ma con una intenzione malevola. Per fortuna l'ho letto da giovane, la sua malevolenza la registro oggi. Ma la sua verità è quella per cui ho finito per impegnare tutta la mia vita, una verità da disfare, rendere difficile, magari impossibile.

Non ti posso dire che a tante scrittrici ne preferisco una, ti posso raccontare gli effetti, gli smarrimenti, le meraviglie, il piacere assoluto che alcune di loro mi hanno prodotto.

Ágota Kristóf, per esempio. La mia amica Daniela Dioguardi[1] un giorno mi regala *La trilogia della città di K*

---

[1] Daniela Dioguardi, femminista, insegnante, già presidente dell'UDI di Palermo e deputata nazionale, responsabile del-

e mi succede qualcosa che non mi era mai capitato. Passo una notte totalmente in bianco leggendo. Comincio il libro, saranno state le dieci. In genere mi succede che dopo un po' comincio a rileggere una frase appena letta e poi ancora la stessa, resisto, lotto ma non riesco ad andare avanti. Allora spengo la luce. Invece quella volta no, il sonno non c'era più, guardavo con orrore l'orologio di tanto in tanto, le tre, le quattro, le cinque e sapevo che mi aspettava anche una giornata faticosa. Niente. Poi l'alba, panico: il cinguettio degli uccellini dietro la mia finestra chiusa. Non ho dormito un secondo. Se ti dovessi dire cosa mi è piaciuto di quel libro non saprei dirtelo, una storia che non è nelle mie corde, molto cruda, un realismo allucinato che in genere non amo, paesaggi indecifrabili. Quel libro mi ha consegnato una me totalmente insospettata, inconsapevole.

Dire che Virginia Woolf è la mia scrittrice preferita sarebbe troppo facile perché ha fatto parte della mia vita in tanti modi. Ho diretto per tanti anni un centro culturale che portava il suo nome, ho organizzato decine di seminari sui suoi libri, sulla sua scrittura, sulla sua vita. Nadia Fusini,[2] straordinaria maestra, che ritengo la più grande esperta della Woolf al mondo, ci ha accompagnato per anni per conoscerla e amarla. Ti confesso una cosa che scandalizza chi sa veramente di letteratura, gli acca-

---

l'Archivio e della Biblioteca dell'UDI Palermo, membro della Segreteria Nazionale dell'UDI.

[2] Docente di Lingua e Letteratura inglese alla Sapienza di Roma, alla Normale di Pisa, al San Raffaele di Milano, saggista, scrittrice, traduttrice. Amatissima docente del Centro Virginia Woolf.

demici, per esempio, attenti soprattutto all'opera, gli scientifici della lingua.

Ti confesso che non so leggere niente della Woolf, senza pensare alla sua vita intera, a ciò che amava, alle sue crisi, ai suoi amori, a Londra, a sua madre, a sua sorella, ai suoi dispiaceri, agli amici amati, al terrore della follia. Questa mia incapacità di una vera e corretta lettura ha per me qualcosa di straordinario, di unico. Senza timore e senza pudore posso dirti che solo una donna può leggere così e solo una donna può farsi leggere così. E quando queste due donne si incontrano, una che legge e una che si fa leggere così, è davvero una grande fortuna. È stata una grande fortuna per me perché è proprio in questa confusione di talento e calore che sento che Virginia Woolf ha scritto per me, proprio come diceva la mia suora, proprio per me.

Quando mi succede questo, il mio amore diventa assolutamente attivo, questo perché non sono un'intellettuale pura, né una studiosa, sono piuttosto un'artigiana.

Parecchi anni fa ho passato un mese d'agosto, un raro mese d'agosto tutto per me, lontani i figli, lontano il lavoro, sola in una città più calma e silenziosa. Mi sono messa a leggere nella loro contemporaneità il diario, le lettere e i libri che Virginia scriveva. Credo che sia l'unica scrittrice nella storia di cui si possa sapere tutto, giorno dopo giorno. Le idee, le passeggiate, la crostata di mele con la panna, le bugie. Certo, un mese non mi è bastato, ma è stato comunque bellissimo, e poi nel lusso di tanta intimità c'era il vero tesoro, il lusso delle parole, di una lingua che si inventava sempre nuova così splendente da togliere il fiato.

C'è chi mi dice che questo è feticismo. Di certo è stata la vacanza più bella della mia vita.

Non per feticismo ma per omaggio e commozione volevo visitare il college dove Virginia Woolf nel 1929 aveva tenuto la conferenza "Una stanza tutta per sé". Volevo annusare l'aria, immaginare la sua voce, ritrovare la stessa luce. Così andai a Cambridge. A Cambridge studiava Barbara Placido, la figlia di Nadia Fusini, coetanea dei miei figli, che si offrì di farmi da guida. Studiava antropologia e per dirti che tipo è ti dico solo che mi ha raccontato che quando era piccola aveva letto tutti i libri di Jane Austen di nascosto, perché pensava fossero "libri proibiti". Intelligente, simpatica, bella ragazza. Il suo college era il King's, prestigiosissimo, imponente e ricco, a Virginia interdetto al suo tempo, possibile solo ai fratelli e agli amici per il solo previlegio di essere maschi.

Che orgoglio per me, che piacere. Mangiammo nella grande sala da pranzo animatissima di ragazzi e ragazze. Anche i professori mangiavano lì, ma un gradino più su, metafora spaziale, che divideva chi insegnava da chi imparava. Alle pareti grandi ritratti di grandi uomini, grandi scienziati, grandi politici, grandi benefattori del college, grandi scrittori grondavano di memoria e di celebrazione. Finito di mangiare, ci incamminammo verso il Newnham, il college femminile dove si tenne la famosa conferenza. Era un assai modesto edificio, dopo tanta grandezza del King's, college storicamente maschile, ma oggi non più, ma chissà con quanto rammarico. Per queste impressioni e riflessioni conviene riprendere il libro e rileggerselo, certo Virginia è più brava di me.

Ma il nuovo viene adesso. Dunque arrivate, Barbara va dal portiere e gli chiede se sa dov'è che Virginia Woolf tenne la sua conferenza "Una stanza tutta per sé". Il portiere gentilmente le chiede se si trattava della conferenza che c'era stata la settimana passata. No, dice Barbara, non l'altra settimana ma sessant'anni fa. Ci risponde uno sguardo stupefatto. In quel momento un gruppo di ragazze attraversa l'atrio, il portiere, ormai stranito, le chiama, nel caso sapessero qualcosa di più. Le ragazze sorprese. "Virginia Woolf ha fatto qui la sua conferenza? Non lo sapevamo! Ma veramente?! Ma che bello! Grazie di avercelo detto. La direttrice ci saprà dire qualcosa?". Nel frattempo il gruppo si infoltisce, altre ragazze festose si aggiungono. La direttrice ci accoglie anche lei stupita, non ci sa dire granché e ci manda dalla bibliotecaria, la più anziana del college, forse lei può sapere qualcosa. Intanto la voce si è sparsa nel college, altre ragazze arrivano entusiaste, alla fine dalla bibliotecaria, un'anziana signora un po' curva, siamo una trentina. "A quel tempo, io non c'ero ancora, ero troppo piccola, vi porto comunque dove usualmente si tengono le conferenze". Apre una porta e dice: "Ecco, probabilmente qui". "Probabilmente qui" era una stanza di non più di venti metri quadrati, pareti bianche, soffitto alto tre metri, poche sedie accostate ai muri. In quella stanza non c'era alcun segno, alcuna memoria. Certo che siamo deluse, tutte. Dopo tanta memoria nel King's, qui il vuoto. Eppure qui si tenne il discorso che diede il via a una grande rivoluzione. Qui avvenne il gran salto, quella capriola di senso per cui abbiamo capito che, per uscire dall'esclusione, noi donne non dovevamo chiedere giustizia ma crescere nell'autostima. Di questo nessuna memoria.

Al tempo dirigevo il Centro Virginia Woolf a Roma, decisi di inviare ogni anno in ottobre dei fiori per ricordare quell'evento, così fu per tanti anni. Ricorderai anche che molte di noi l'inverno portavano la sciarpa del Newnham, grigia, blu e gialla, sempre per ricordare. La mia sta ancora nell'armadio e ogni tanto me la metto.

Cara Paola, il problema resta aperto ed è un problema politico. La memoria non è il nostro forte, noi facciamo e disfiamo con una facilità e disinvoltura impressionante. Come se non fossimo abituate alla memoria o forse come se in quel fare e disfare fosse racchiuso il senso profondo della vita. Per noi è così? Vogliamo dare questa lezione? Siamo vanitose ma incapaci di essere orgogliose? Cosa ci separa dall'orgoglio, un sentimento buono o cattivo? Ma non usiamo la parola orgoglio, che può suonare sgradevole, parliamo del senso di sé, della dignità. Ce l'abbiamo il senso della dignità? Oppure ancora non ci siamo abituate ad averlo, private, come siamo state fino a ieri, per legge, costume e tradizioni? È per questo che sopportiamo ancora tante cose che non si dovrebbero sopportare? La dignità richiede memoria.

Sto andando fuori tema, lo so.

Ti racconto un altro episodio del mio amore artigiano. È il 1996, l'UDI di Ferrara mi chiede consiglio. Vogliono fare qualcosa di importante per la città. Suggerisco una mostra di Vanessa Bell, la sorella pittrice di Virginia Woolf, figura centrale del gruppo Omega, un gruppo di artisti artigiani, pittori, decoratori, arredatori, impegnati a fare della vita quotidiana, delle pareti delle loro case, dell'arte e dell'amore un tutt'uno, un groviglio inestricabile. L'idea piace e, in men che non si dica, quelle donne straordinarie organizzano la mostra. A inaugurarla invitano Angelica Garnett, la nipote di Virginia, figlia di Vanessa e Duncan Grant. Chi ama Virginia di amore insoddisfatto come il mio, autentico quindi, ricorderà alcune foto dove Angelica bambina, sempre un po' imbronciata, è tra le braccia della zia o accanto a lei, seduta su una *chaise long*, protetta dal sole da un grande cappello di paglia.

Vado all'inaugurazione con la mia amica Fiorella Cagnoni.[3] Le donne dell'UDI sono tutte elegantissime nei loro tailleur blu, che io chiamo tailleur di lotta e di governo, che, inutile negare, hanno ispirato il primo Armani, giacca maschile e gonna stretta, quasi un po' una divisa, peccato che oggi non se ne vedano più.

Certo che sono emozionata, emozionata e commossa. La mostra è un grande successo, c'è tanta gente. Angelica è una signora di circa ottant'anni, capelli tutti bianchi, gentile e un po' rigida, come sanno essere le inglesi. In tanti la salutano e io la guardo, un po' in disparte, alla ricerca della somiglianza, dell'aria di famiglia, alla ricerca di Virginia viva. Poi, non mi ricordo bene, il giorno dopo le donne hanno organizzato un pranzo sotto un capannone in campagna, ma c'è un bel sole e io protesto e faccio portare, anzi portiamo la lunga tavola fuori, vicino a un canale, e là mangiamo. Angelica è molto contenta. È intorno a quella tavola che le parlo veramente, al di là dei convenevoli, non con il mio inglese rudimentale ma con quello perfetto di Fiorella. Pochi anni prima era uscito in Italia per le edizioni della Tartaruga il suo libro intitolato *Ingannata con dolcezza*, un'autobiografia che

---

[3] Fiorella Cagnoni, femminista della Libreria delle donne di Milano, autrice di romanzi gialli, traduce con Sylvie Coyaud le lettere tra Vita Sackville West e Virginia Woolf, poi pubblicate in *Cara Virginia*, La Tartaruga, 1985.

mi colpì per una forte vena di irriconoscenza, di distacco soprattutto, nei confronti della madre Vanessa, che mi colpì per quel sentimento di ribellione verso quello che consideravo una grande fortuna, cioè nascere lì fra tutti loro. Perché, le chiedo. E lei mi racconta della casa di Charleston dove si riunivano a cena tutti gli amici, le più belle e libere intelligenze dell'epoca e raccontavano ogni sera, in grande familiarità fra loro, la loro giornata. Racconta della zia Virginia, della sua conversazione così brillante, spiritosa, intelligente e della sua curiosità. Angelica era una bambina ammessa e mai esclusa da quella tavola. Mi risponde così: "Pensavo che il mondo fosse quello, che tutto il mondo fosse così, che gli altri, tutti gli altri, fossero come loro e non era vero, e questo nessuno me l'aveva detto. Questo è stato l'inganno più grande, scoprire il mondo diverso, terribilmente diverso".

Angelica è morta pochi anni fa e con lei che non c'è più non c'è più nessuno al mondo che ha visto Virginia viva, nessun testimone di quella scena straordinaria. Questo mi rende triste.

Cara Paola, come vedi, il mio amore per le scrittrici può essere davvero molto particolare, poco scientifico e molto incestuoso. Queste mie poche righe sono più una confessione che altro. Potrei continuare. Potrei raccontarti di Marguerite Duras, una scrittrice che poco mi si addice e poco, ti dirò, mi piace, che tuttavia ha messo radici profonde in un certo tempo della mia vita. Potrei raccontarti i discorsi notturni interminabili su di lei con Anne Marie Boetti, dolce amica cara persa. Potrei raccontarti cosa successe quando l'ho incontrata. Ma tu hai fretta e io sono in terribile ritardo nel consegnarti questo mio pezzo. Sarà per un'altra volta.

Manchi solo tu[*]

Se ti senti addosso quel dolore speciale quando una donna viene uccisa o picchiata o maltrattata o stuprata

Se ti riempi di rabbia quando scopri che i ginecologi del tuo ospedale sono tutti obiettori e che i farmacisti non vorrebbero più venderti gli anticoncezionali

Se non hai il lavoro o se ce l'hai ogni tanto o se sei stufa di dover dimostrare sempre di più per avere sempre di meno, o se hai rotto il tetto di cristallo e ti vogliono far raccogliere i cocci

Se diventi verde ogni volta che paghi le tasse pensando ai servizi che non hai né per te, né per i tuoi figli, né per i tuoi genitori

Se ti viene voglia di mollare tutto quando pensi che i tuoi risparmi hanno retto le banche e che il tuo lavoro non pagato non solo regge la tua famiglia ma la società intera e ancora ti chiamano soggetto debole da tutelare

---

[*] Adesione/appello per la manifestazione "Non una di meno" contro la violenza sulle donne, *la Repubblica*, 10 novembre 2016.

Se a scuola non ti fanno studiare Simone Weil e non ti fanno leggere Virginia Woolf e ti raccontano che il Codice Napoleonico è stato una grande conquista dell'umanità senza dirti che piattino ti era riservato

Se ti dicono "brava, sei forte, ce la farai" quando senti che tra poco non ce la farai più

Se ti viene da ridere quando ti dicono che devi fare più figli

Vieni sabato 26 novembre
per cambiare questo Paese che è il tuo
anche se non lo sembra

Vogliamo aderire alla manifestazione indetta da Unione Donne Italiane, DIRE, rete nazionale dei centri antiviolenza, rete Io Decido

Roma ore 14:00 Piazza della Repubblica

Lettera alle compagne di "Dire" e "Decido io"*

Care amiche e compagne,

ho saputo che il testo *Manchi solo tu* suscita grandi polemiche. Per questo vorrei spiegare come e perché mi è venuto in mente di scriverlo.

Quando ho letto il vostro comunicato, ho sentito che, pur condividendo tutte le ragioni e la rabbia che vi erano espresse, ho avuto il desiderio di aggiungere la parola di una donna che non fosse vittima di tutto, ma che fosse cosciente della sua forza e che avesse anche la forza e il coraggio di poter essere ironica. Inoltre il vostro comunicato mi sembrava troppo lungo per i pigri tempi che corrono e scritto in quello che io chiamo "politichese" cioè in una forma che, vi dico la verità, ho smesso di apprezzare da tanto tempo, un gergo poco accogliente e poco generoso verso chi non sia vicino al mondo della politica e dei suoi vizi. Spero che non vi offendiate, so bene cosa significa scrivere un testo in tante e magari con poco tempo, il politichese l'ho praticato anche io e tante volte. Ma questa volta serviva anche, a mio avviso, un testo che fosse più semplice e breve, che arrivasse veloce al cuore e alla mente di tutte, un testo non solo da condividere ma in cui una donna si potesse riconoscere. Non ero la sola a

* Madrid, 19 novembre 2016.

pensare questo.[1] Così ho scritto. *Manchi solo tu*, badate bene, è un testo di adesione alla manifestazione indetta da voi. Il testo che indice la manifestazione resta il vostro, il mio potete accoglierlo o respingerlo nei vostri siti, non ne faccio certo un problema.

Abbiamo cominciato a far circolare questo testo con l'intenzione di raccogliere firme per cercare di allargare la partecipazione a questa manifestazione, manifestazione che a mio avviso dovrà essere numerosissima, perché il momento in cui ci troviamo è particolarmente pesante. Quotidianamente stiamo assistendo a veri e propri attacchi alla nostra libertà, se non alla nostra vita, provocazioni continue e fatti tremendi. Dobbiamo fare in modo che la manifestazione del 26 novembre sia un evento che le donne ricorderanno a maggior forza loro ma non solo, anche il governo presente la dovrà ricordare e quelli futuri e la politica intera e chiunque abbia intenzione di governare questo Paese. È importante in questo momento mostrare una forza di donne grandissima, per questo è necessario lavorare alla partecipazione di più donne possibili. Questo è stato il nostro intento.

A questo proposito voglio dirvi una cosa. Voi avete optato per una manifestazione mista. Non condivido affatto questa scelta anche se questo non mi impedirà di partecipare, io non sono per il "tutto o niente". Ma questa è una manifestazione contro la violenza maschile e, anche se so perfettamente che non tutti gli uomini sono

[1] Con me a ragionare e con la stessa intenzione erano Loredana Taddei, allora responsabile delle politiche di genere nella CGIL, Linda Laura Sabbadini, direttora dell'ISTAT, e Paola Tavella, giornalista e allora portavoce di DIRE.

violenti, penso che questo sia proprio il momento di mostrare la forza delle donne, e per fare questo le donne devono essere loro e solo loro, devono mostrarsi senza uomini. Con gli uomini si va a letto, al cinema, a spasso, si fanno viaggi, si fa famiglia, ma non si va a una manifestazione femminista, e questa lo è. Se mio figlio mi chiedesse di partecipare a questa manifestazione gli chiederei di aiutarmi a esprimere una grande forza di donne restandosene a casa. Sono sicura che capirebbe.

Ma torniamo al racconto. Abbiamo mandato il mio testo alle amiche e compagne, pregandole di farlo circolare e così sono cominciate ad arrivare tante firme, più di quante avessi potuto immaginare. Voi ne avete lette circa cento, ma la verità è che ne sono arrivate molte di più e continuano ad arrivare. Non sempre c'è stato il tempo di trascriverle tutte, però si farà, è un impegno. Anche tanti gruppi di donne, sparsi un po' in tutta Italia, ci hanno chiesto di poter raccogliere le adesioni alla manifestazione con questo testo, anche l'UDI, che è parte promotrice della manifestazione, ce l'ha chiesto e abbiamo accettato molto felici che il testo funzionasse per tutte.

Ma arriviamo al punto che, mi hanno detto, vi interessa di più. Un giorno tra le tante firme arriva anche quella di Susanna Camusso. Lì per lì sono rimasta perplessa, la sua è una firma pesante. Ci ha fatto pensare. La potevamo respingere? In vita mia non ho mai respinto la firma di una donna, né lo farò mai. Era solo una firma, ci siamo dette, una firma tra le tante non un proclama, non una dichiarazione, una firma a un testo che non era neanche il testo ufficiale della manifestazione, era un testo di adesione. Ci siamo dette che la Segretaria del più forte sindacato italiano si metteva tra le altre donne, senza chiedere parole né spazio speciali. Abbiamo pensato anche a quanti segretari della CGIL erano passati senza mostrare interesse alcuno per la vita delle donne, il lavoro delle donne sempre considerato aggiuntivo. Cofferati, Lama, Trentin... avevano mai dato attenzione alle avventure e sventure della nostra vita? Hanno mai parlato di aborto, di femminicidio, di lavoro inconciliabile? Camusso ne parla, non sempre si condivide, ma ne parla e io, personalmente, le sono grata. Così alla fine sono stata proprio contenta della sua firma.

Altro è stato quando apro il giornale e ti vedo che Susanna Camusso e Serena Dandini invitavano alla manifestazione con *Manchi solo tu* di supporto alla notizia. Là, vi devo dire, mi sono proprio seccata. Non era un buon servizio per noi e penso che neanche Camusso abbia gradito. Nella mia vita non ho mai portato acqua al mulino altrui. Ma cosa era successo? Era successo che una firmataria del testo, giornalista ANSA, a un certo punto ha pensato bene, viste le firme, di confezionare la notizia della manifestazione in questo modo. Insomma, invece di pensare secondo il criterio delle opportunità politiche, ha pensato che grossi nomi ci potessero fare gioco. La notizia è passata, ma fortunatamente è già sparita dai media, né mi auguro si ripresenterà.

Altra cosa è la firma di Flavia Perina, che considero un'amica e compagna. Vi dico come la penso: di fronte alla violenza maschile che colpisce indiscriminatamente le donne per me non c'è né destra né sinistra, né sopra né sotto, né sì né no. E mi auguro che tutte le donne senza distinzione di appartenenza vengano a questa manifestazione. Abbiamo ancora molte grandi cose da fare tutte insieme. Non solo le leggi, gli ordinamenti, le regole, gli usi, noi dobbiamo cambiare l'anima di questo Paese e di fronte a questa rivoluzione – perché questa è la più grande e difficile rivoluzione della storia – non possiamo permettere che la politica delle istituzioni ci divida. Perciò la firma di Flavia, se anche si potesse respingere, non lo faremo.

Spero di essermi spiegata.

Saluti femministi, care amiche e compagne, speriamo di portare a casa un buon risultato, che ci assistano il coraggio e la fortuna.[2]

[2] La manifestazione riuscì benissimo, almeno 200.000 donne sfilarono per il centro della città.

Nessuna donna è un'isola[*]

Sarò brevissima. Ho soprattutto formulato delle domande, fedele allo spirito di questo incontro che ha come intenzione prima il ragionare insieme.

Tutte le relazioni che mi hanno preceduto davano per implicito il rapporto con le donne surroganti, io lo voglio rendere invece esplicito. Da qui la mia prima domanda. Qual è la mia relazione con loro? Ho sempre pensato che il senso dell'essere donna in questo mondo fosse riposto in ciascuna di noi. In questi giorni, riordinando la mia libreria, mi è capitato tra le mani il libro di Thomas Merton *Nessun uomo è un'isola*. Questo titolo è preso da una meditazione di John Donne che diceva: "Nessun uomo è un'isola, intero in se stesso. Ogni uomo è un pezzo del Continente, una parte della terra... Ogni morte di un uomo mi diminuisce perché io partecipo all'Umanità. E così non mandare mai a chiedere per chi suona la campana, la campana suona per te". Da qui il mio titolo. Nessuna donna è un'isola.

A proposito della maternità surrogata a pagamento sento spesso dire: "Io non lo farei mai, non vorrei che mia figlia lo facesse, non lo consiglierei mai... ma se

---

[*] A proposito di maternità surrogata, Convegno UDI, seminario nazionale, Roma, 25 febbraio 2017.

qualcuna vorrà farlo non sarò io a dire di no. Il no non deve esistere. Ogni donna dev'essere libera di farlo se lo vuole". È un discorso che sento fare anche a proposito della prostituzione. Alle donne che parlano della libertà dell'altra vorrei chiedere: "Perché tu non lo vuoi fare? Spiegami il perché, spiegami le tue ragioni". Forse allora ci troveremmo d'accordo. Nell'immaginario lo devono sempre fare le altre. Chi sono "le altre"? Quale distanza abissale si apre tra noi e "le altre"? Ma questa distanza non è forse segno di quell'individualismo spinto e sordo, che è disgraziatamente la cifra odiosa del tempo che stiamo vivendo? Quella piega che l'umanità sembrerebbe aver preso, che a noi non piace? Con questa libertà che vogliamo concedere alle "altre" non nascondiamo forse indifferenza? Due pensieri mi fanno ostacolo a sposare la tesi dell'"io no, ma l'altra è libera di farlo". Il primo è il "partire da sé", pensiero centrale e fondativo del femminismo, che ha reso la donna soggetto politico e le altre donne come parte di noi. Il secondo è il principio che ha guidato tutta la mia vita: "Non fare agli altri quello che non vorresti fosse fatto a te". Questo principio ha guidato la mia vita e con questo principio ho allevato i miei figli. Aveva ragione Giordano Bruno, non serve altro, comandamenti e regole, potrebbero essere tutti cancellati. Basta solo non fare agli altri quello che non vorresti fosse fatto a te. Certo lui l'ha pagato carissimo.

L'8 marzo dell'altr'anno Paola Tavella[1] lesse pubblicamente un contratto base che regola la maternità surro-

---

[1] Femminista, giornalista, scrittrice, esperta di comunicazione, già portavoce della Ministra Anna Finocchiaro e della Ministra Maria Cecilia Guerra, ha curato la comunicazione di Mara

gata in California. Tutti dovrebbero leggerlo. È un'esperienza atroce. È la negazione totale della figura della madre, dell'esperienza della maternità. Il corpo della donna è ridotto a mero strumento, pura funzione meccanica/carnale. La donna che attende, in realtà non attende niente, la sua immaginazione è annullata, i suoi desideri ammutoliti. Se i suoi clienti cambiano idea, dovrà abortire, non allatterà il bambino, forse non lo guarderà nemmeno e se lo guarderà peggio per lei. In cambio di questo "nulla" ci sarà il denaro.

Non siamo riuscite a quantificare il lavoro domestico, incalcolabile in verità. Come monetizzare infatti la cura, l'attenzione, il pensiero, il sonno perso, il continuo educare, il continuo mediare che fa una donna nella sua casa? Quanto possono costare nove mesi di gravidanza? Quanto può costare un corpo che ti fa un bambino?

Penso che quando si mette un prezzo a qualcosa che non ha prezzo allora si tratta di schiavitù. O vogliamo dire che tutto ha un prezzo? Ci piace un mondo dove tutto ha un prezzo?

L'invenzione della formula "forza-lavoro" è stata fantastica. Un padrone di una fabbrica non compera l'operaio, compera la sua forza lavoro. L'operaio non vende il suo corpo, vende la sua "forza-lavoro". Simone Weil e altri ci hanno spiegato questo puro imbroglio. Weil, che ha voluto sperimentare la catena di montaggio alla Renault, ci racconta che è l'intera vita che se ne va, se ne va il poter pensare, il poter immaginare, la voglia di parlare,

---

Carfagna, quando era vicepresidente della Camera dei Deputati.

la salute, l'eros. Come possiamo chiamare quello che dà una donna in una gravidanza surrogata? Cosa vende questa donna? Forza-lavoro? Per riuscire a salvare le apparenze forse dovrebbero trovare un nome a questo qualcosa. O questo nome non c'è?

Nessuna donna è un'isola. Eccoci alla domanda che più mi sta a cuore. Una donna è libera di farsi sfruttare? Di farsi maltrattare? Di farsi annullare? Di farsi trattare da pura macchina senza desideri e senza sentimenti? È libera di farsi comperare una parte del suo corpo o tutto il suo corpo per nove mesi? I segni di questa esperienza poi resteranno nel suo corpo per tutta la vita. È libera di farlo? Io rispondo di no, perché ciò che la umilia, la sfrutta, umilia e sfrutta anche me perché condividiamo la condizione umana. Abbiamo molto in comune, abbiamo in comune l'essere donna, custodiamo entrambe il senso e il significato dell'essere donna. C'è chi risponde invece di sì, che è libera di farsi comperare se lei lo vuole.

Brusco flashback.

Perché io giovane donna borghese mi sono iscritta al Partito Comunista? Cosa mi ha spinto? Mi era intollerabile lo sfruttamento degli esseri umani. Al tempo della mia giovinezza c'erano i padroni, che avevano sempre un nome e un cognome, e la classe operaia. Che avevo io in comune con gli operai e le operaie? Apparentemente niente, eppure ho lottato per loro e lottando per loro sentivo di lottare per me, per la mia dignità e la mia felicità. Perché questo senso di umanità condivisa con le donne può farsi assente? Perché facilmente una donna può diventare altra da me e io posso dire "Se lei lo vuole..." in quale esilio la sto cacciando?

Posso incontrare un giovane che lavora in un call center contento di farlo, che vuole farlo costretto dalla necessità, ma questo non annulla il suo essere sfruttato e umiliato. La sua condizione è altro da me?

Consideriamo anche che per una donna che vende il suo corpo nella prostituzione c'è una fortissima sanzione sociale che il giovane del call center non ha.

Da rispondere: come mai c'è sanzione sociale verso la prostituta e non c'è verso una donna che vende il suo corpo per nove mesi? Forse il senso della maternità purifica anche se bistrattato? O è interesse di qualcuno che non sia così, l'interesse di far apparire la maternità surrogata un lavoro normale e dignitoso. Chi può avere interesse a questo?

Oggi si parla di "diritto" alla genitorialità. Ma non c'è nessun diritto a essere padri o madri. Essere padri o madri resta nell'ordine del desiderio e del possibile. Non esiste nessun diritto che possa essere fondato sullo sfruttamento di esseri umani.

Perché la rivoluzione continui*

In questi giorni a leggere i giornali ci rendiamo conto che noi donne siamo finite in un campo semantico stretto e triste. A segnare i confini, da una parte le legnate dei maltrattamenti, dall'altra i palpeggiamenti dei maiali, nel mezzo ci sono le stuprate e le morte ammazzate.

Poi è in arrivo il nostro Halloween, l'Halloween delle donne, il terribile 25 novembre, giornata mondiale contro la violenza. Tempo in cui le città si tappezzano di manifesti con facce di donne segnate, occhi neri, bocche cucite col fil di ferro, lividi. "Giornata mondiale", mondiale nel senso che se a una donna venisse in mente di andare a cercarsi un angoletto tranquillo in questo mondo, abbandoni pure ogni speranza perché tutto il mondo è paese. Vedo con orrore che questa giornata si avvia a diventare una festa sinistra. Anche se ne riconosco le buone intenzioni, c'è da dire che gli esiti sono terribili: la condanna, per effetto perverso dell'eccessiva comunicazione, rischia di tramutarsi in celebrazione.

Chiedo perdono del mio tono ironico, chiedo perdono a tutte quelle donne che hanno subito violenza e umiliazione, che siano morte o vive. L'ironia aiuta a vivere e ci permette ancora di pensare.

---

* *La 27esima ora*, *Corriere della Sera*, 17 novembre 2017.

Carissima presidente Boldrini,[1] lei ha deciso quest'anno per il 25 novembre di portare tante donne vittime di violenza in Parlamento. È un omaggio, capisco la sua buona intenzione, ma non sono le vittime che ci salveranno. La debolezza non ha mai creato forza, e noi donne di forza ne abbiamo veramente bisogno. Faccia in modo invece, per quanto le è possibile, se sarà leader del suo partito, come mi auguro, di fare entrare tante donne vere in Parlamento, ma non solo per un giorno e non solo per un'idea astratta di parità, ma per creare un senso comune femminile in modo che le donne si possano esprimere libere. Metta in atto scelte politiche che migliorino la vita delle donne, migliorerà la vita di tutti e avremo un Paese più decente. Viviamo un paradosso, lei lo sa perché lo vive da vicino: la politica di questo Paese si è privatizzata, non pensa più al bene comune, ormai è solo impegnata da risentimenti, da piccole lotte di posizione, da narcisismi, da capricci, da vendette, da tremende inimicizie. Per questo la gente vota sempre meno e ha cominciato a pensare che esistono due binari, quello della politica e quello della vita quotidiana. Tragica illusione perché la politica ha in mano la vita di tutti noi. Un pensiero di donna può fare molto e lei è anche una donna molto coraggiosa. A proposito di coraggio, grazie per la sua battaglia sul linguaggio. È una grande battaglia, di questa le sono veramente grata.

---

[1] Presidente della Camera dei Deputati (2013-2018), tra le altre iniziative intraprende una grande battaglia sull'uso del femminile nella lingua parlata e scritta, per questo è vittima di una pesante campagna di odio.

A lungo mi sono chiesta come mai, alla notizia di una donna maltrattata o uccisa, provavo un dolore speciale, profondo. Da dove veniva? Di una cosa ero certa, un uomo, anche il migliore tra gli uomini, non lo prova, rammarico sì, dispiacere sì, ma non il mio dolore. Poi un giorno ho capito. C'è sempre un giorno luminoso. I giornali raccontano di un uomo che non vuole essere abbandonato, che non vuole restare solo, che ama se pure nella follia. "Pazzo d'amore", si dice. Invece no.

Ho capito il mio dolore speciale quando ho capito che la mano che colpisce una donna non vuole solo fare del male ma vuole fare giustizia, non la mia giustizia o quella piccola piccola di quell'uomo, ma la giustizia di un ordine. Quella mano che si alza contro una donna vuole ristabilire un ordine a cui però io non appartengo più. Nessuna donna al mondo appartiene più a quell'ordine anche se non lo sa.

Di che ordine si tratta? Dello stesso ordine che fa i più e i meno, che fa i padroni e i servi, i ricchi e i poveri, i parlanti e i muti, i forti e i deboli, chi può e chi non può. Per lungo tempo si è pensato che fosse Dio ad aver fatto quest'ordine, ma poi si è capito che invece è un ordine tutto umano, quindi modificabile, certo a caro prezzo, certo a lungo termine, ma modificabile. Dio non poteva essere così ingiusto.

Allo stesso ordine appartengono anche i palpeggiamenti, quando non sono graditi alle donne che ne sono oggetto, gli "adesso spogliati", i toccami qua toccami là, i succhiami questo e poi quello, guarda questo quant'è bello. Ora si parla soprattutto di quello che fanno i potenti, i divi, i registi, i politici, che si approfittano del loro potere, del loro denaro, della loro influenza. Ma attenzione, in questa stessa disposizione troviamo anche i poveri diavoli, i perdenti, i nullatenenti perché una toccatina al culo di una ragazza rimette a posto l'ego di qualsiasi sfigato e fa sentire "qualcuno" chi lo fa, anche se è proprio "nessuno". "Sono un uomo" si dice e torna il sereno.

Lo so, caro Giuliano Ferrara,[2] che tutto questo non ti sembra un esercizio di potere. Sono mancanze di contenimento, dici tu, sono stimolazioni erotiche da quattro soldi. Che dire infatti dell'uomo che si tira giù i pantaloni per mostrarti il suo tronchetto della felicità, perché così lo pensa lui, non pensa di fare una cosa grave ma quasi un favore. Anche quel signore che ha detto che lo stupro, certo in un primo momento può dare fastidio, ma poi... alla fine alle donne piace, anche lui pensa di avere l'"irresistibile tronchetto". Tanti uomini che dicono "lei era consenziente" lo pensano veramente, perché non pensano sia possibile il contrario.

Anche io, sai, ogni tanto sono tentata di pensarla come te, per quieto vivere, per mantenermi di buon umore. Ma poi no. Mi salta agli occhi questo potere speciale, condiviso stranamente da ricchi e poveri, da fortunati e sfigati, e penso che valga la pena di pensarci su, anche se si fa buio nel cuore.

Non perdono la paura, l'infelicità e il dolore che la violenza degli uomini fa provare alle donne, alle giovani ragazze quando si accorgono della loro libertà sminuita.

---

[2] Al tempo direttore del *Foglio*, a fronte della valanga di denunce per molestie, violenze e stupri che in America occupano i tribunali, Giuliano Ferrara minimizza e invita all'indulgenza.

Ma in questi tempi cosa sta succedendo? In molti me lo chiedono. Lo chiedono a una vecchia femminista. Che significano tutte queste denunce? È semplice da spiegare. Bisogna capire che il potere è sempre un patto tra chi lo esercita e chi ne è oggetto e che nessuno è innocente in questa relazione. Oggi il patto che ha tenuto insieme uomini e donne per tanto tempo non regge più. Le donne sono stufe anche delle loro colpe, delle loro infelicità silenziose e hanno cominciato a raccontare ciò che le ha ferite, umiliate, sorprese, impaurite. È per questo che uomini cominciano a venire cacciati dai consigli di amministrazione, ma anche dagli autobus all'ora di punta. È un segno. Ma di cosa? Di un "senso comune femminile" che comincia a fare ordine, a cambiare il modo di stare al mondo per tutti.

È un mondo più dignitoso, mi sorprende chi se ne lamenta. Legnate e palpeggiamenti, violenze e ricatti sessuali sono attentati alla dignità umana non solo delle donne, ma anche degli uomini. Perdita netta di dignità.

Grande parola, la dignità. A pensarci bene, da sola basterebbe a fare un buon programma di governo. Se si pensasse alla dignità che a ciascun essere umano si deve in questa terra, che meravigliosi programmi si farebbero per il lavoro, per l'istruzione, per la salute! Sì, dignità è una parola che ci aiuta a fare bene.

E adesso, giovani donne, perché la rivoluzione continui. non tollerate che di fronte a voi una donna sia definita troia, non permettete che vi mettano le mani addosso senza il vostro permesso e fate l'amore solo quando vi va.

2018-2019

Anno terribile. Le elezioni politiche del 4 marzo 2018 decretano quello che nessuna poteva immaginare. Vince la coalizione di destra con in testa la Lega di Salvini. Il partito più numeroso risulta essere il Movimento 5 stelle, 32 per cento. Il centro-sinistra si limita al 22 per cento, il Partito Democratico è ridotto al 18. Tra le parti comincia una trattativa lunghissima. Si profila un governo antieuropeo, anti-euro, sovranista e maschilista.

In America c'è Trump, quello che le donne le prende per il pube, così ha affermato orgoglioso in un dibattito pubblico e chissà magari proprio per questo ha vinto le elezioni. In Italia manda uno dei suoi a fare un po' di ordine per aiutare Salvini, Steve Bannon, tipo assai poco raccomandabile, area del capitalismo finanziario più spinto. Tra i nuovi amici della destra c'è anche Vladimir Putin.

Le donne sono preoccupate e spaventate. Ce n'è di che.

La legge 194 compie quarant'anni, il clima non è dei migliori per ricordare quella vittoria, più che celebrare bisognerà difendere.

Le donne del Partito Democratico si accorgono di un errore ma troppo tardi. In obbedienza alla legge che prevede nelle liste l'alternanza uomo-donna, non si rendono conto che, per assicurarsi un'elezione certa, se una candidata si presenta in più collegi e sarà eletta in uno, negli altri saranno eletti uomini. Le pluri-candidature abbondano e finisco-

no per favorire i candidati uomini. Tutte dicono che non ci avevano pensato. La sinistra si mascolinizza.

Per questo all'interno del partito nasce il gruppo di donne Towanda.

Towanda è il grido di attacco della giustiziera femminista che persegue gli oppressori nel film "Pomodori verdi fritti alla fermata del treno". Le donne del PD *destano un certo interesse per questa improvvisa levata di scudi, si pensa a un atto di coraggio, si spera finalmente all'affacciarsi di una leadership femminile.*

Ma non è così.

Sono solo uomini che si battono tra loro, lo spettacolo è dei peggiori. Dopo trattative surreali, scontri, colpi bassi, minacce, insulti, disastri sfiorati, il 1° giugno nasce il governo 5 Stelle-Lega, primo governo populista in Europa. presidente del Consiglio Giuseppe Conte, ordinario di Diritto Privato all'università di Firenze, in politica uno sconosciuto. Su undici ministri solo due donne.

Riappaiono certi temi che si pensavano superati dalla storia: una certa indulgenza verso il fascismo, una certa apertura verso l'estrema destra, il culto della forza, la supremazia dell'uomo di casa nostra.

*Non durerà molto, solo un anno e qualche mese. Altri funambolismi e arriva il governo 5 Stelle-*PD.

Il femminismo propone un cambio di civiltà. Un cambio di paradigma. La verità della condizione umana è la dipendenza reciproca, il bisogno d'amore e di cura dalla nascita fino alla morte. La civiltà della cura deve prendere il posto della civiltà della forza, del potere, del denaro.

Disgraziato è colui che nasce senza il desiderio della madre*

Scriviamo questo invito mentre l'assetto della nostra politica è ancora incerto, non abbiamo infatti un governo.

Questa lettera è indirizzata a voi donne che oggi sedete in Parlamento.

Siete le più numerose della storia della nostra Repubblica, vi trovate lì per il desiderio e la lotta delle donne che vi hanno precedute. Vogliamo celebrare con voi, che siate d'accordo o no, i quarant'anni della legge che ha dato alle donne il diritto di dire la prima e l'ultima parola sul proprio corpo.

Un po' di storia. La 194, legge sull'interruzione volontaria di gravidanza, è stata fortemente voluta dalle donne contro la destra e a fronte di una sinistra a lungo titubante, alleato senza remore fu solo il Partito Radicale. Alla fine gran parte del Movimento femminista, le donne dell'UDI, dei partiti di sinistra, dei sindacati e delle associazioni e tante altre seppero mettersi insieme, dopo mediazioni non facili vinsero. Fu un vero e proprio atto di governo.

---

* Lettera alle parlamentari, maggio 2019.

È questo insieme che vogliamo celebrare e mostrare oggi ancora vivo e potente.

Insieme abbiamo salvato tante donne dalla morte e dalla vergogna della clandestinità. È per questa coscienza che non ci può fare paura l'oscena propaganda che si sta scatenando in questi giorni contro questa legge, che pretende di mostrare le donne come assassine. L'amore per la vita delle donne lo testimoniano secoli di storia.

È la nostra libertà a fare paura. Oggi tutti sono pronti a condannare la violenza, tutti contriti per ogni donna uccisa, per ogni donna maltrattata e abusata, ma sia chiaro: le radici di ogni violenza stanno tutte nella pretesa del controllo del corpo delle donne e se questo controllo un tempo era sacro, era legge, era dovuto, oggi è solo un terribile vizio.

Le donne non hanno più padroni. Di un gesto triste e grave come l'aborto, troppo spesso causato da una sessualità maschile irresponsabile, le donne rispondono non allo Stato, ma prima a se stesse nel profondo della loro coscienza e poi a coloro che amano.

Oggi la denatalità fa paura, tanti dicono che sia colpa della nostra scarsa moralità, ma è questa società tutta che non vuole figli, lo si vede dalle sue scelte politiche, dalle sue scelte economiche, dalla precarietà del lavoro, dai tagli ai servizi, da una scuola in perenne difficoltà, dallo scarso o nullo coinvolgimento degli uomini nell'esperienza della genitorialità, dai prezzi delle case e degli asili nido. Le donne non sono pazze, a fronte di un loro desiderio, non fare figli quando non puoi permettertelo è una scelta molto triste.

Ma il desiderio può non esserci e questo è un fatto di cui tutti devono imparare a tenere conto. La maternità oggi è una libera scelta, non un obbligo, non un dovere, né una merce, risponde solo a un desiderio, ma questo desiderio è importante per la vita di tutti, per la vita della società stessa, poiché disgraziato è colui che nasce senza il desiderio della madre. Così pensavamo e così pensiamo.

Vi scriviamo per dirvi che, qualunque governo verrà, le donne non faranno un passo indietro, continueranno a lavorare per affermare la loro piena cittadinanza e per rendere migliore questo Paese.

Riempiranno le piazze, se necessario.

Una brutta stagione politica[*]

È possibile che per scopi umanitari si faccia una guerra? Missili USA sulla Siria. Brutto risveglio ieri mattina, questa era la prima notizia.

Walter Benjamin ci racconta che l'angelo della storia ha il viso rivolto solo al passato, vede catastrofi e cumuli di rovine.

Forza, potere e profitto sono sempre stati il motore della storia. Ma oggi è giusto, soprattutto per una donna, chiedersi se sia possibile uscire da questo paradigma.

Molti e molte pensano che il femminismo sia una forma di sindacato di genere. È invece il tentativo di cambiare modo di pensare, abbandonare il mito della forza e la logica del potere per riconoscere la verità della condizione umana: dipendiamo gli uni dagli altri, abbiamo bisogno di sentirci amati e di amare, abbiamo bisogno di essere curati, abbiamo paura di morire.

Ogni rivoluzione ha bisogno di un soggetto e il soggetto di questa grande rivoluzione sono le donne (anche se essere donna non basta), perché nella loro storia, lontane dagli splendidi e immortali eroi, hanno guardato l'umanità molto da vicino, ne conoscono la bellezza e la miseria, i profumi e le puzze. E sono, senz'ombra di

---

[*] *La 27esima ora*, *Corriere della Sera*, 15 aprile 2018

dubbio, costituzionalmente per natura e cultura le più "materialiste".

Ho sempre pensato, quindi, che fosse molto importante che le donne, quelle che ne hanno talento e voglia, partecipassero al governo del Paese, affidando loro, in cuor mio, il compito dell'umanizzazione della politica che oggi sembra più che mai necessaria. Ma mai come in questo periodo la mia aspettativa è stata disattesa.

Infatti le donne in politica ci sono, ma la politica oggi si è imbarbarita. L'ultimo Parlamento ha toccato la media di presenze femminili più alta della storia del Paese, ma mai le istituzioni sono state più offese, mai il linguaggio è stato più volgare, mai gli scontri più virulenti e mai le donne sono state più mute. Poco spazio alla politica, molti spazi ad avvilenti scontri personali. Abbiamo assistito all'invidia maschile del potere in tutto il suo splendore. È stato uno spettacolo shakespeariano. In tutto questo disastro non una voce di donna autorevole, nessuna voglia di leadership espressa. Tutte spettatrici.

Solo il grande tema della violenza ha goduto di un certo spazio. Un po' per la reale enorme gravità del problema, un po' perché la violenza è un tema ben accetto, che mette tutti d'accordo, fornisce alle donne un protagonismo certo e innocuo e agli uomini lo spazio per deprecare e mettersi a posto la coscienza. Una trappola, insomma, che ci tiene lontane dalla politica, costrette solo all'area dei rimedi, senza che ce ne accorgiamo.

Poi sono arrivate le elezioni – da qui in poi mi riferisco alla nostra sinistra – e le donne non si sono accorte del piattino che i loro compagni di partito stavano loro servendo. Bisogna riconoscere che la trovata delle pluri-candidature per far fuori le donne dal Parlamento è stata una genialata. *Chapeau!*

Immagino le risate che si sono fatti gli uomini, chiusi nella stanza dove si facevano le liste! Perché in quella stanza donne non ce n'erano, mi auguro. O no?

No, in quella stanza donne non ce n'erano, così sembrerebbero confermare le cinquecento donne, a quest'ora saranno molte di più, che hanno firmato il documento Towanda. Ma perché non ce n'erano? O se c'erano perché hanno lasciato fare? Questo è per me il vero problema. Perché noi donne ci facciamo da parte? Perché siamo così remissive, così ubbidienti, così ininfluenti, così silenziose, così compiacenti, così distratte, così incoscienti, così inette, così sceme? Sempre a parlare di diritti, per poi dimenticarsi i propri.

Le donne di Towanda dicono che si sono fidate e che non si fideranno mai più. Bene, sono molto contenta. Ma perché si sono fidate? Perché affidano agli uomini la loro voglia di far politica? Forse perché per essere riconfermate devono starsene buone e non rompere troppo le scatole? Non sanno che, qui in Italia, gli uomini si sentono ancora i padroni della politica? E che pensano, in cuor loro, che le donne siano solo una fastidiosa necessità, una presenza aggiuntiva, tutta dovuta alla maledetta/benedetta libertà che si sono conquistate? Che pensano le donne di Towanda? Che gli uomini siano contenti di non essere più serviti e riveriti come una volta? Che siano contenti di non essere più i padroni della famiglia? Ce ne vorrà del tempo! La ferita è ancora aperta. Gli uomini, in generale, sono ancora molto impreparati alla libertà delle donne. Per la maggior parte di loro, ricordiamocene sempre, la nostra libertà è stata una perdita.

Insomma: chi si è fidata, chi non se n'è accorta, chi non ne aveva voglia, chi pensava fosse meglio così... fatto sta che la sinistra si è pericolosamente, pericolosamente per tutti, mascolinizzata.

Da un documento/risveglio delle donne, sinceramente mi aspettavo un'autocritica, non una critica ai compagni di partito. Volete passare per vittime? Meglio di no.

Adesso mi rivolgo direttamente a voi, care amiche e compagne di Towanda, se volete essere protagoniste siatelo per davvero, non state lì a contare quante siete, ormai è tardi, ma non è mai tardi per fare una buona politica. Adesso ne avete occasione.

Sapete che, nel grande numero degli astensionisti, due su tre sono donne? Tra loro ci sono le più povere, le meno istruite, le più sfortunate. Ascoltare il loro silenzio e provare a metterlo in parole è il vostro obbligo proprio perché avete scelto la politica.

E immagino che tutte vi rendiate conto che un governo Destre-5 Stelle sia una sciagura soprattutto per noi donne, significherebbe un passo indietro per tutti i diritti civili conquistati, significherebbe mettere a grave rischio la legge 194 sull'autodeterminazione all'aborto, significherebbe la riapertura delle case chiuse, come annunciata trionfalmente da Salvini in campagna elettorale, significherebbe sempre più donne avatar in politica e nella vita quotidiana, significherebbe meno rispetto e meno libertà e meno lavoro.

Provate a impedire tutto questo. Se non vi riesce almeno resterà scritto che ci avete provato.

Coraggio.

Le parole del femminismo[*]

Sono contenta ogni volta che posso raccontare e spiegare che cosa è stato il movimento femminista degli anni Settanta. Perché corrono voci diverse, spesso grossolane. O lo si considera un affare di donne arrabbiate e scontente, nemiche degli uomini – spesso ne ho sentito parlare con disprezzo anche da donne – oppure lo si considera un evento minore della storia, di poca importanza, che si dimenticherà facilmente. Oppure, ancora, ho registrato un certo sentimento di paura. Parafrasando Marx potremmo dire "uno spettro si aggira per il mondo". Paura perché il femminismo turba un ordine secolare scritto perfino nei libri sacri, nella Bibbia la maledizione divina impone il dominio dell'uomo sulla donna.

La verità è che il femminismo è la più grande rivoluzione che sia mai stata concepita. Non si tratta di sostituire una classe sociale a un'altra o cambiare l'assetto del potere, ma cambiare il pensiero sul mondo, cambiare valori e principi ordinatori, guardare con altri occhi gli uomini e le donne e la natura. Ne parlo al presente perché è una rivoluzione ancora in corso, è una rivoluzione lenta, con momenti di grande visibilità alternati a periodi più segreti ma sempre di grande produzione teorica. Non

[*] Convegno "Gli anni '70", Cinisi, 5 maggio 2018.

so quante generazioni serviranno per vederne la fine. Ma le donne hanno molta pazienza e sono molto tenaci.

Femminismo. Potremmo parlare del femminismo del primo Novecento o degli anni Ottanta, invece siamo qui a parlare del femminismo degli anni Settanta e delle sue parole.

Negli anni Settanta si è verificata una vera propria mutazione, un grandissimo passo avanti. Lo voglio raccontare a partire da un condensato teorico un po' misterioso e criptico che racchiude il senso di questo periodo, l'affermazione "il privato è politico". Cosa voleva dire?

Le donne degli anni Settanta avevano già acquisito molti diritti che le loro madri e nonne non avevano goduto, potevano istruirsi, amministrare i loro beni, firmare i contratti, non solo potevano deporre in tribunale ma addirittura potevano diventare magistrate, la legge non consentiva più ai loro mariti di picchiarle, potevano votare. Tuttavia il mondo non cambiava. Le donne non riuscivano a fare carriera, la partecipazione alla politica era difficile, le donne continuavano a essere considerate fuori posto nei luoghi decisionali. Ma la cosa vera, più importante e determinante per quello che sarebbe accaduto dopo, è che le donne stesse si sentivano fuori posto, scontente. È stato così che la libertà di cui godevano finiva per rivelare una non libertà che si portavano dentro, un impedimento interiore, finora insospettato. Scoprivano così che la libertà, il senso libero di stare al mondo, non dipendeva solo dai diritti o dal denaro o dal lavoro.

Per capire questo *disagio* profondo e il desiderio ineludibile di uscirne fuori, tante donne cominciarono a organizzare dei gruppi di riflessione, cominciarono a riunirsi e a raccontarsi le proprie esperienze, anche le più intime. *Partire da sé* era il metodo, la regola. Il risultato di questa pratica fu che le donne presero coscienza che il potere, di cui tutti siamo oggetto, non si esercitava solo nei luoghi deputati come il Parlamento, le leggi, i tribunali, ma era una rete di innumerevoli fili, i cui effetti passavano nella famiglia, nella sessualità, determinavano comportamenti, pensieri, gusti, per questo il privato diventa politico. Questa rete così potente e pervasiva le teoriche femministe l'hanno chiamata *piano simbolico di rappresentazione*, era questo che dovevano cambiare. In quegli stessi anni, questa rete Michel Foucault la chiamava *discorso*, Roland Barthes *doxa*. Per le femministe *il discorso*, dunque, era tutto quello che era stato detto e pensato a proposito delle donne, come la donna era stata definita, le aspettative, le non aspettative che la società aveva nei loro confronti... Tutto questo *dover essere* cominciava a essere confrontato con *le esperienze, i desideri, i bisogni, le ripulse, i piaceri* che le donne, in un grande sforzo di verità, si raccontavano tra loro. Questa pratica aveva un nome, si chiamava *autocoscienza*, si faceva solo tra donne e questo era chiamato *separatismo*, condizione assolutamente necessaria e insieme simbolica. Così le donne hanno cominciato a liberarsi di tutti i sensi e significati che le avevano occupate nel corpo e nella mente.

Cos'è veramente una donna? Questa era la domanda sottesa al loro lavoro di ricerca. Una domanda che può sembrare paradossale. Cosa vuole veramente una donna? Si chiedevano. È stato un lavoro entusiasmante, ci si liberava da tutti i pregiudizi camuffati da verità, si lavorava sulla maternità, sul desiderio di essere madre e sul desiderio di non esserlo. Si rifletteva. Come si può sentire una donna che non vuole figli in una società dove alle donne è prescritta la maternità? Dove in mille modi viene detto che una donna non è completa e felice se non è madre? Se questa donna non ha davanti a sé un orizzonte di libertà si sentirà male, molto male.

È proprio quest'orizzonte di libertà, dunque, che le donne stavano costruendo tra loro. Si è parlato anche molto di sessualità e del piacere sessuale. In quegli anni uscì un testo fondamentale di Carla Lonzi, *La donna clitoridea e la donna vaginale*[1] che parlava del piacere sessuale delle donne, i suoi modi e i suoi tempi. La sessualità femminile è stata un tema sempre taciuto, è stato oggetto di grande silenzio, al contrario del desiderio sessuale maschile tenuto in grande considerazione tanto da essere fondante di un ordine, che diventa subito orgoglio, vanto, esibizione, prova di forza e di potere. Invece il desiderio sessuale femminile nel mondo dei padri, quando non è taciuto, discredita immediatamente la donna che lo manifesta. In quelle lunghe riunioni di sincerità e verità, le femministe scoprivano che persino il modo del piacere sessuale era loro prescritto. Infatti una donna "vera", matura, completa e sana doveva avere l'orgasmo vaginale. Così diceva Freud. Perché l'orgasmo clitorideo era poca cosa, una cosa da bambinette.

In questa ricerca di verità si è sofferto molto, ma si è anche riso molto. Le donne del femminismo degli anni Settanta sono state immensamente felici. Svelare, liberar-

---

[1] Carla Lonzi, scrittrice e critica d'arte, femminista, pensatrice, teorica del pensiero della differenza sessuale, fondatrice del gruppo Rivolta Femminile. *La donna clitoridea e la donna vaginale*, Scritti di Rivolta Femminile, 1971.

si di tutte le prescrizioni del discorso è stato un lavoro durissimo e un'immensa gioia.

Perché durissimo? Qui bisogna affrontare un altro passaggio. Un altro passo avanti di pura conoscenza, durissimo perché le donne si sono accorte che quel discorso che le parlava e le descriveva in un regime di non verità, l'avevano condiviso, ne erano stati complici, spesso ne erano state addirittura vestali. Inconsapevoli, avevano collaborato alla sua affermazione, mettendo a tacere i propri disagi e sofferenze che, quando c'erano, venivano interpretati come inadeguatezza, caricandosi di una infelicità tutta personale.

Le donne hanno scoperto su di sé la *differenza tra potere e dominio*. Quando il potere è molto potente e arriva a pervadere anche la mente e l'anima di chi ne è oppresso, il potere sparisce, non viene percepito. Quando il potere non si vede ma c'è, non si sente ma c'è, cambia nome si chiama "dominio". La persona oggetto di questa tremenda forza condivide i pensieri di chi la opprime, ne condivide desideri e immaginario. Simone Weil parla di un cavallo tra due stanghe che non può che andare se non dove vogliono che vada.

Il percorso di verità su di sé per le femministe è stato più un togliere che un prendere. La loro riflessione sul potere è stata ben più profonda di quella tanto celebrata del Sessantotto, esperienza da cui tante femministe provenivano. Le ragazze del Sessantotto furono deluse da una riflessione mancante, quella sulla prima radice del potere e della violenza che si trova proprio nel rapporto uomo-donna. I generosi e intelligenti ragazzi del Sessantotto non vollero o non furono capaci di affrontare questo tema, questa contraddizione che li riguardava da vicino.

Ogni tanto qualcuno mi chiede che fine ha fatto questo sapere. Una domanda provocatoria, che allude sempre a un'assenza di visibilità del femminismo. "Il femminismo non c'è più". È profondamente falso, questo sapere è ancora presente tra noi perché un effetto di verità non si cancella nella mente di chi ne ha ricevuto senso.

Per quanto riguarda gli anni Settanta, non ho alcun dubbio a dire che il femminismo ha dato molti frutti e reso più civile il Paese. Mettendosi in circolo virtuoso con le donne delle associazioni e dei partiti, nel 1975 ha portato a casa il nuovo diritto di famiglia, un passo avanti per le donne. Vi ricordo l'equiparazione delle figure genitoriali, padre e madre entrambi responsabili, il tramonto, insomma, del padre-padrone, seppure ancora incompleto. Tuttavia fu un grandissimo passo avanti. E nel Settantotto le donne, sempre in circolo virtuoso tra loro, hanno portato a casa la legge sull'aborto, legge che dà alla donna la prima parola e l'ultima sul suo corpo, legge che ha salvato tante donne dalla morte e dalla vergogna della clandestinità, legge di grande valore simbolico.

Ma l'eredità del femminismo degli anni Settanta più importante è questa: un'idea – attenzione, un'idea può essere molto potente –, un'idea che prima non c'era nelle nostre teste. Il femminismo degli anni Settanta ha lasciato un'idea a tutte le donne di questo Paese, giovani e vecchie, ricche e povere, colte e incolte, femministe e non. Ha lasciato l'idea che ogni donna ha diritto alla ricerca della propria felicità. La felicità di una donna ha dato sempre un certo scandalo nell'ordine dei padri, risultava sempre un po' fuori posto, il dolore era il sentimento che più si addiceva alla donna, la sua icona. Adesso invece questa felicità possibile è nella testa di tutte noi.

Una lettera*

Carissima…

mi piacerebbe darti delle belle notizie, ma non è possibile. Ci troviamo in un passaggio molto difficile della politica del Paese. Politica? Solo nella parola resta la grandezza, nella pratica abbiamo visto di tutto: istituzioni sbeffeggiate, linguaggio volgare, propaganda al posto di programmi, lotte personali. Abbiamo assistito al grande spettacolo dell'invidia del potere tra uomini, uno spettacolo shakespeariano! In tutto questo il silenzio delle donne della sinistra è stato impressionante. Nessuna voce autorevole, nessuna volontà di leadership, nessuna capacità di relazionarsi tra loro neanche per difendersi dalla trappola delle pluri-candidature, sempre ubbidienti nella speranza poi di essere riconoscenti. Che delusione! Tu dici una donna presidente del Consiglio? Magari una donna di sinistra? … Te la puoi scordare. E dove la prendiamo? Neanche dal cilindro di un mago potrebbe uscire. Che dire, certo, mi piacerebbe, una donna con testa e cuore, che non sia uscita né dal letto dei potenti né dalla testa del padre, una donna libera. La stiamo aspettando, ma credo che ci vorrà molto tempo. Se poi vogliono metterci un avatar… Tanti auguri! Comunque

* Maggio 2019.

non è mai stato un mio desiderio né un mio obiettivo. Intanto abbiamo il peggior governo che poteva capitarci.

Tu dici anche che sarebbe bello vivere in una società dove si guarda non a uomini e donne ma alle "persone", alla "persona". Ma perché? "Persona" è un concetto astratto, senza corpo, è una maschera. Perché per avere dignità, per avere giustizia, per avere rispetto, per avere una vita decente ci si deve immaginare senza corpo? Il concetto di "persona" è un escamotage per riaffermare un'idea che è estranea a questo mondo: l'idea dell'uguaglianza. Niente a questo mondo è uguale a qualcos'altro, neanche i fiocchi di neve. Il concetto di "uomo" ha avuto la sua storia di grandezza, ha addirittura significato l'intero genere umano. Il concetto di "donna" ha avuto un significato di miseria, tanto che si ha la sensazione di doversi riscattare da questo concetto (guarda quel teatrino di miseria femminile di quelle donne che "Mi chiami avvocato... Sono il direttore... Sono il ministro... Sono direttore d'orchestra..."). Da qui nasce l'idea di persona, da questa necessità di riscatto. Ma perché le cose cambino dovremo cambiare proprio questo, restare ai corpi e alla loro materialità, restare donne.

Prima della misoginia maschile dovremo lavorare molto per superare la misoginia femminile, che esiste fortissima. Non si vince l'una senza vincere l'altra. Questo ci deve portare a pensare che leggere la violenza contro le donne in termini di carnefici e vittime è assolutamente rudimentale. Non avremo mai la possibilità di uscirne se non prendiamo in considerazione anche la condivisione profonda che le donne possono avere con modelli ancora patriarcali, oserei dire, la loro complicità. Dici che le donne debbono essere liberate. Permettimi una piccola correzione: le donne devono liberarsi. Purtroppo questa liberazione è solo affar nostro. È affar nostro liberarci dall'idea di donna che la nostra cultura, così ancora maschiocentrica, ci fornisce sotto forma di modelli, di insegnamenti, di luoghi comuni, di abitudini, di usi. Con il femminismo abbiamo cominciato a rivolgerci la domanda: cosa vuole una donna? Sembra un paradosso ma non lo è, sempre un rinnovamento profondo nasce dal dover fare un vuoto. Ma questo processo non significa superare l'idea di donna promuovendola a persona, significa guardare e guardarsi in modo nuovo e, di conseguenza, fare in modo nuovo.

La felicità delle donne e la violenza degli uomini*

In questo tempo si sente spesso dire la frase: "Dobbiamo cambiare il mondo…". La sento pronunciare da quei ragazzi, oggi sempre più numerosi, che cominciano ad avere a cuore il destino del nostro pianeta, impegnati nelle battaglie per il clima, per l'aria pulita, per l'acqua bevibile. E la sento pronunciare anche da molte donne che sono in cammino per fare di questo mondo qualcosa di meglio. Questa frase l'ho detta tante volte anch'io.

Tuttavia in questa frase c'è un errore e penso sia importante correggerlo. Non dobbiamo cambiare il mondo, il mondo l'abbiamo cambiato fin troppo, dobbiamo cambiare l'umanità, dobbiamo cambiare il senso dell'umano. Per fare questo è necessario liberarci da tutte quelle strutture e gabbie attraverso le quali fino a questo momento abbiamo pensato.

Oggi c'è urgenza di abbandonare un soggetto eroico, dominatore, padrone di sé e del mondo, quel soggetto che, così si dice, fa la storia. Quell'Uomo con la "u" maiuscola, non perché rappresenti tutti, ma perché ma-

* "Stereotipi e pregiudizi sulla violenza di genere", convegno organizzato dall'"Area Democratica per la Giustizia", Senato, Sala Zuccari, Roma, 10 maggio 2019.

gnifica la sua supremazia. Questo soggetto ha determinato un'idea di progresso, che oggi mostra tragicamente i suoi limiti. L'immagine del futuro comincia ad apparirci sinistra.

Cambiare il senso dell'umano è una rivoluzione, una rivoluzione difficilissima e lenta, molto lenta, perché non si tratta di sostituire una classe a un'altra, non si tratta di un cambio di potere, si tratta di cambiare modo di pensare, di pensare le cose, gli esseri umani, i rapporti umani, il senso della vita e della morte.

Per ogni rivoluzione, lo dice la storia, ci vuole un soggetto portante e questo soggetto, per me, è la donna. Sono le donne, le uniche che potranno affermare, dire, raccontare, essere, un soggetto nuovo, diverso.

Le donne, in ragione del loro corpo, della loro storia ed esperienza del mondo, hanno potuto vedere l'umanità da vicino, hanno visto la bellezza dei corpi e la loro miseria, hanno toccato, annusato, sentito profumi e puzze, hanno amato e curato, fatto nascere e accompagnato a morire tutta l'umanità. Tutto questo permette loro un materialismo estremo. Ma è proprio da questo materialismo estremo che oggi le donne chiamano a uno sforzo di verità. Il soggetto vero di cui parlano, il soggetto della loro rivoluzione, non ha niente di eroico, non magnifica supremazie, ma racconta che siamo tutti, uomini e donne, bisognosi di cure e di amore, dalla nascita alla morte, e per questo "disgraziato sarà colui o colei che non nasce dal desiderio della madre". Il soggetto della rivoluzione delle donne racconta che siamo dipendenti gli uni dagli altri e che siamo fragili, spesso spaventati. No, non è eroico questo soggetto, ma è certamente più vero.

Questo nuovo soggetto porta con sé grandi cambiamenti. Sostituire la civiltà della cura a quella della conquista, della sfida, della forza del potere, sarà un processo lungo, anzi lunghissimo, e nessuno di noi ne vedrà la fine. Tuttavia saranno la nostra pratica quotidiana, le nostre scelte, il nostro modo di abitare, il nostro modo di amare, il nostro modo di ascoltarci che a poco a poco riusciranno a cambiare le cose. Piccoli passi per un grande cambiamento.

Ho fatto questa premessa per farvi capire da dove parlo e quanto sia lontana dall'idea che gli uomini e le donne siano uguali. Non penso affatto che una donna libera sia uguale a un uomo libero. Solo in una cosa siamo uguali, siamo uguali nella dignità, dignità che non è un bene da conquistare ma che ciascuno ha, malgrado se stesso, per il solo fatto di essere nato, per il solo fatto di condividere la condizione umana. Mi piacerebbe leggere nelle aule dei tribunali la scritta in bella vista: "La dignità è in ciascuno di noi", sarebbe una frase profondamente vera, più vera de "La giustizia è uguale per tutti". Spesso penso che se a guidarci fosse l'idea della dignità saremmo più nel giusto, più di quanto non succeda quando a guidarci è l'idea dell'uguaglianza, saremmo molto più ricchi e ricche.

Siamo qui per parlare della violenza e soprattutto della violenza contro le donne, un male antico, storico della cultura cui apparteniamo. Ogni donna vorrebbe dimenticare, cancellare questo male, invece è profondamente iscritto in ciascuna di noi, anche se nella nostra vita avessimo ricevuto solo carezze, come è iscritto in ciascun uomo anche se non avesse mai alzato una mano in vita sua. C'è la brutta abitudine di pensare che la violenza sia un guaio delle donne, invece è un guaio di entrambi. Proprio perché tutti siamo portatori di quella dignità che, sola, ci rende uguali. La violenza è un problema che riguarda tutti.

Tutti, uomini e donne, siamo capaci di violenza. Ma quando apriamo il giornale e leggiamo di una donna uccisa, di una ragazza stuprata, ogni donna prova qualcosa che un uomo non prova, un dolore speciale, e allora dobbiamo saper interrogare questo dolore per scoprire cosa significa, cosa tenta di raccontare.

La violenza, quando è rivolta alle donne, nella maggior parte dei casi non è un fenomeno, non è un incidente, non è una momentanea perdita di ragione, è invece il tentativo di riaffermare un ordine, un ordine dove l'uomo è padrone e signore, signore che non può essere né abbandonato, né disconosciuto, né disobbedito.

C'è da dire che le donne, tutte, non appartengono più a quest'ordine, anche se non lo sanno. C'è un'idea che testimonia il loro esserne fuori, è un'idea assolutamente nuova per tutte noi, quella di sentirci autorizzate alla ricerca della nostra felicità, della felicità per noi stesse. Questa è la grande novità che le donne, tutte, stanno vivendo in questo momento.

Nella storia, la felicità non era tanto roba da donne, piuttosto erano il dolore e l'infelicità che connotavano meglio la loro condizione. Alle donne si addicevano il pianto, la commozione, la malinconia, la risata era sempre segno di scompostezza, quando non era addirittura percepita come una minaccia. Non perché questo fosse la verità della vita vissuta, perché le donne hanno sempre saputo ridere, ma perché questa era la loro icona performativa. Una donna allegra era piuttosto una puttana, anzi una puttana era una "donnina allegra". Attenzione, questo diminutivo serviva strategicamente, per la potenza della lingua, ad allontanare la donna onesta dall'allegria.

L'idea di aver diritto alla ricerca della propria felicità la dobbiamo al femminismo, è passata da lì nella testa di tutte noi, femministe e non, ricche e povere, colte e ignoranti. Ogni donna oggi sente questo nella sua testa e nel suo cuore. Questo è stato un grandioso passo avanti verso la libertà. La carneficina dei femminicidi è dovuta principalmente a questo.

Dobbiamo, però, renderci conto che nella violenza degli uomini contro le donne agisce qualcosa di impersonale, agisce la forza di un ordine che non vuole sparire, un ordine che resiste.

Se si vuole avere ragione di questa violenza, tutti noi dobbiamo lavorare soprattutto su questo piano impersonale, che è la cultura cui apparteniamo, cultura che sovrasta i soggetti e che in un certo senso li comanda, li determina e che ha una forza eccezionale su tutti e tutte noi. Le donne si stanno sottraendo a quest'ordine, consapevolmente o inconsapevolmente, anche se la strada è lunga e difficile e spesso disordinata, gli uomini no, sembrerebbero non averne alcuna voglia. C'è da capirli, noi non abbiamo niente da perdere, sole le nostre catene, direbbero Marx ed Engels, per gli uomini invece è durissimo. È durissimo perdere il sentimento della propria supremazia e con esso i previlegi di cui si è goduto.

Il silenzio degli uomini sulla violenza contro le donne è assordante, come se questa fosse faccenda di donne, quando invece è piuttosto faccenda loro. Così come per altri temi, per esempio la prostituzione, la tratta. Aspetto con impazienza parole di sdegno da parte degli uomini, che però ancora non arrivano.

La violenza è un principio ordinatore della nostra cultura, anche la giustizia se ne è servita abbondantemente, per venirne a capo è necessario un cambio di civiltà a cui tutti e tutte siamo chiamati.

Quando si parla di violenza degli uomini contro le donne s'immaginano molestie, maltrattamenti, assassinii; io vi voglio parlare di un'altra violenza che non colpisce una donna ma tutte. Per lungo tempo le donne non sono state ammesse a deporre in tribunale, perché la loro parola non aveva valore di verità. Questo è per me più grave di qualsiasi esclusione. Immaginate un essere pensante a cui non venga riconosciuta capacità di verità, immaginate di sentirvi addosso tutto questo nonostante voi abbiate occhi per guardare, orecchi per sentire, testa per pensare, cuore per provare emozioni e siate capaci di attenzione, di commozione, di sdegno, di amore, di odio, di compassione, di vergogna.

Se le mie parole sono prive di "verità", se le mie parole non valgono, io sono più che dimezzata, sono più che umiliata. Delle volte mi chiedo come le donne siano sopravvissute a tutto questo e mi rispondo che sono sopravvissute grazie alla loro immensa forza, data dal continuo rapporto materiale con la vita quotidiana, dalla loro grande attenzione all'esistente, dal far nascere e crescere e dal loro saperne di più sulla vita e sulla morte.

Gli uomini, che alla parola verità hanno messo spesso la maiuscola, privati della propria credibilità andrebbero in pezzi quasi subito.

Come curarci da questa ferita? Come curarci entrambi, uomini e donne, dico, perché quando una ferita è così grande tutti ne sono malati.

La straordinaria novità del Me Too non è solo che le donne cominciano a denunciare e a non considerare più un abuso subìto come un incidente personale. La novità del Me Too sta anche nel fatto che le donne cominciano a essere credute. È un ottimo segno.

Dove si vince la violenza? Nelle aule dei tribunali? Anche, ma con riserva. È scandalosa la rapidità con cui spesso, troppo spesso, una vittima viene trasformata in colpevole. Certe sentenze sono scandalose per una palese connivenza con una cultura che autorizza la sessualità maschile, la giustifica nei suoi eccessi ed è estremamente indulgente tanto da trasformare un gesto grave in una leggerezza o addirittura in uno scherzo o in un gioco da ragazzi. Quando una sentenza di questo tipo è una donna a pronunciarla certo è una delusione grande, ma la verità è che tutti, uomini e donne, devono impegnarsi a uscire da una cultura patriarcale padronale, le donne non sono salve da questo per il solo fatto di essere donne, è un lavoro duro anche per loro uscirne.

Si pensa normalmente che nei confronti delle donne ci siano tanti pregiudizi da superare, da mettere a tacere nella propria coscienza per avvicinarsi a un giudizio giusto. Questo è vero. Ma il mio invito è quello di cominciare a considerare anche i pregiudizi che riguardano gli uomini, che sono tanti. Se le donne soffrono dei pregiudizi negativi, gli uomini soffrono dei pregiudizi positivi. L'uomo è coraggioso, l'uomo è forte, ama il rischio, è affidabile, è razionale, non ha paura, è potente. La loro icona performativa li avvicina ai super eroi e anche questo è un fardello pesante da portare. La radice della violenza, della dismisura e della rabbia maschile affonda proprio qui, in questi pregiudizi.

Penso che lo sguardo giusto sia quello che riesca a vedere la creaturalità in ciascuno di noi. Siamo tutti esseri unici coinvolti nel grande mistero della vita, tutti abbiamo abitato in un corpo di donna, tutti ci aspettiamo del bene e ci disperiamo quando arriva il male. La qualità di un giudice sta molto nella sua capacità di ascolto e nella qualità della sua attenzione. È necessaria un'attenzione pura, direbbe Simone Weil.

So che deluderò molti e molte nell'affermare che non sono d'accordo con l'idea che la misura delle pene non conti. Pene severe e certe sono necessarie.

Ma se siamo in tribunale vuol dire che violenza è stata fatta. Per avere ragione della violenza bisogna imparare a riconoscerla prima che arrivi, per questo dobbiamo rendere più forti le nostre ragazze e per farlo tante cose devono cambiare.

La scuola per prima. La scuola in Italia è scandalosamente maschilista, sono molto sicura di questo mio giudizio. Certo, lo so che l'87 per cento della formazione sta in mano alle donne e che le ragazze sono più brave dei ragazzi, ma questo vuol dire poco. La verità è che le ragazze escono dalla scuola colte ma non nutrite, manca loro il nutrimento. Nutrimento è dare alle ragazze donne da ammirare, ammirare una propria simile nella sua grandezza, essere orgogliose di una propria simile fa crescere e rende forti. La scuola italiana fornisce quasi esclusivamente modelli maschili, storie di uomini, opere di uomini. Negli ultimi due concorsi per insegnanti di lingua e letteratura italiana i concorrenti dovevano rispondere su trenta autori, e su trenta autori c'era solo una donna, Elsa Morante, per la povera Grazia Deledda non è valso il premio Nobel per essere in quell'elenco. Il Nobel del pensiero del Novecento lo darei a due donne, Simone Weil e Hannah Arendt, a scuola però non si studiano. La più grande pedagogista a livello mondiale, Maria Montessori, non si studia.

Nutrimento è conoscere la storia delle donne, conoscere il percorso che ci ha portate fuori dalla soggezione, saperne le tappe, le lotte, le vittorie e le sconfitte per imparare quel sentimento così importante per la crescita morale che è la gratitudine per chi ci ha preceduto. La storia delle donne a scuola non si studia. Una giudice mi ha confessato che era già giudice quando ha saputo che alle donne è stato possibile essere magistrate solo nel 1963.

Ho sentito delle ragazze ripetere senza alcuna incertezza che il Codice Napoleonico è stato un grande passo verso la democrazia, nessuno aveva raccontato loro il disastro che ha rappresentato per le donne: perdita secca di ogni libertà, assoggettamento totale all'autorità del padre e poi del marito. Nessuno spiega alle ragazze che nel *Contratto sociale* di Rousseau le donne non erano tra i contraenti. Tutto questo significa privarle del loro spirito critico, spirito critico che a ciascuno fornisce le coordinate per un posto nel mondo. Per le ragazze questo posto la scuola lo rende incerto, insicuro se non impossibile.

Della scuola italiana le ragazze sono ospiti, uditrici. Abbiamo tutte studiato private della coscienza di essere donne, abbiamo ripetuto come pappagalli la meraviglia della nostra esclusione. Per vincere la cultura della violenza la scuola deve assolutamente cambiare.

Chiudo con un paradosso: per vincere la violenza forse se ne deve parlare di meno. Il tema troppo esposto ha due effetti. Il primo, pericolosissimo, è quello di spingere le donne a connotarsi come vittime e a illudersi che la vittima possa avere la forza di un soggetto politico. Questo non è mai avvenuto nella storia, né mai avverrà. La figura della vittima è debole per eccellenza, e non è chiedendo risarcimenti che si cambia la storia.

Il secondo effetto è che se le donne continuano a essere maltrattate, malmenate, uccise, niente è veramente cambiato, l'ordine è sempre lo stesso e tutti possono stare tranquilli. "Certo, le donne oggi hanno più libertà, ma la pagano cara. Qualcosa doveva pur cambiare perché tutto, gattopardescamente, resti uguale."

E poi se ne vede troppa sui nostri media di violenza. Per un'influenza che mi ha costretto a casa, per un pomeriggio intero mi sono messa a vedere la televisione, un canale della televisione nazionale, quella per cui tutti noi paghiamo il canone. Dalle 14:30 alle 19:30, in fascia protetta, ho visto tre serie di quei gialletti in cui al finale si pesca sempre l'assassino; erano programmati uno dietro l'altro, intervallati da pubblicità chiaramente per bambini, merendine, giocattoli, parchi giochi... Bene, in quelle cinque ore hanno fatto fuori quattro donne, morte tutte malamente, nessuna nel suo letto, una strangolata, una affogata in una piscina, una tirata giù dal balcone e la quarta seviziata dal marito e buttata in una discarica. Si dovrà chiedere ragione di questo al nostro servizio pubblico.

Lettera aperta alla Ministra per le Pari Opportunità Elena Bonetti*

Gentile Ministra Bonetti,

per prima cosa, benvenuta. Chi le scrive è una libera pensatrice femminista. Le scrivo anche per la forza di un'esperienza comune importante, anche io sono stata scout fino all'età in cui una scelta finisce per diventare stile.

Intanto grazie per averci rassicurato a proposito del disegno di legge Pillon, che, ci dice, manterrà ben chiuso in un cassetto, era una vera oscenità volta solo a rendere le donne deboli e sottoposte. Chiuso in un cassetto però non vuol dire che non esiste più. Questo nuovo governo può anche averci dato un sollievo, ma in realtà abbiamo bisogno di una vera cura e per una vera cura ci vuole un cambiamento radicale.

Lei oggi si trova in un posto dove potrebbe fare molto, perché la politica rivolta alle donne ha bisogno di una vera rivoluzione.

Ho letto con interesse la sua intervista sull'*Avvenire* (13 settembre), che condivido tranne in un punto, che però è fondamentale: lei colloca le donne nella fascia debole della società e le mette insieme ai giovani. È proprio

* *La 27esima ora*, *Corriere della Sera*, 4 ottobre 2019.

questo il punto della "rivoluzione" necessaria. Le donne non sono affatto deboli, sono in realtà molto potenti. E il mio consiglio per lei è: non parta dalla debolezza delle donne, provi a partire dalla loro forza. Questo è il cambiamento necessario. Non contribuisca anche lei alla perversa narrazione sulle donne, al criterio che le racconta deboli per chi le vuole deboli, che le racconta povere per chi le vuole povere. La debolezza delle donne e la loro povertà non sono una sventura, si tratta di un programma ben preciso di un ordine antico della società a cui apparteniamo e che finora la politica istituzionale vuole mantenere.

La cosa di cui hanno bisogno le donne oggi è la consapevolezza della loro forza. Una buona politica dovrebbe orientarsi in questa direzione, altrimenti nulla cambierà veramente.

Quello che io chiamo il femminismo di Stato, e lei ne occupa uno dei luoghi più significativi, ha inventato "le pari opportunità", concetto giusto per le categorie, penso ricchi e poveri, giovani e adulti, sani e malati, ma che non può funzionare per gli uomini e le donne. L'uguaglianza nei diritti non è parità e non lo deve essere, perché tra esseri umani non c'è limite a desiderare di essere migliori. La verità è che le donne hanno un'enorme potenza, ma gli uomini hanno il potere. E gli uomini hanno sempre voluto, nella storia, controllare questa potenza e farla propria appropriandosi del corpo delle donne. Per questo le hanno tenute per secoli nell'ignoranza, nella povertà e nel disprezzo. Questa è storia. Kant pensava che le donne non avessero coscienza morale e fino a poco tempo fa le donne non potevano deporre in tribunale perché la loro parola non aveva valore di verità. Certo, se si guarda alla storia, una donna dovrebbe sentirsi offesa fino all'eternità.

Ma le donne sono migliori – vede che infrango subito il codice della parità – e non sono risentite. Tuttavia qualcosa è successo. Oggi le donne studiano, viaggiano, votano, guadagnano soldi, pagano le tasse, sono cittadine. Oggi possiamo misurare la loro forza non solo nel loro corpo.

Pensi a questo: è quasi sempre una donna che, ogni mattina o quasi, fa la spesa, sceglie un prodotto piuttosto che un altro, spesso compera da vestire per tutta la famiglia e cose per la casa, questo rappresenta il 70 per cento dell'economia di un Paese. Sono le donne quindi che fanno il mercato, il Dio Mercato.

Nelle banche italiane sono depositati più di mille miliardi sotto la voce "risparmi delle famiglie", inutile tra noi dire sulle spalle di chi questi risparmi sono stati fatti.

E pensi ancora ai grandi successi. L'enorme successo della quadrilogia *L'amica geniale* di Elena Ferrante, per esempio, è un successo tutto femminile in Italia, all'estero, in America. Si è mai chiesta in termini economici quanto si è mosso intorno a questo? E che ha significato per il mercato? E sa qual è il film che nella storia del cinema ha incassato più di tutti? *Via col vento*, una storia tutta femminile, un altro successo epocale costruito dalle donne. E potrei continuare.

Il mercato quindi è nelle mani delle donne. Le donne muovono capitali enormi, ne sono consapevoli? Ne è consapevole la società? Questo è il problema.

E ancora: la pubblica amministrazione è al 90 per cento, o giù di lì, nelle mani delle donne, oggi la giustizia è amministrata da più donne che uomini e anche la scuola e la formazione sono all'80 per cento nelle mani delle donne. Basta quindi parlare della loro debolezza, basta parlare di fascia debole. Si faccia leva finalmente sulla forza delle donne e si lavori alla consapevolezza per tutti di questa forza. È urgente.

Questo è il mio consiglio per lei, Ministra Bonetti. Dia una svolta e trasformi la politica per le donne finalmente in una politica delle donne che riguardi tutti, non solo loro. Certo, le vittime ci sono, quindi ci devono essere rimedi e cure, ma basta assumere la figura della vittima come paradigma della condizione femminile. Oggi nel mondo ci sono donne straordinarie e sono tantissime, a loro devono guardare le nostre bambine e le nostre ragazze.

Dove cominciare? Comincerei dalla scuola. La nostra scuola ha ancora un impianto tutto ottocentesco, patriarcale. Non si lasci incantare da quei programmi apparentemente innovativi di "educazione sentimentale", di galateo: il rispetto reciproco non si insegna, non si impone, deve nascere dentro ciascuno *motu proprio*. Le nostre ragazze hanno bisogno solo di due cose: avere delle figure di donne da ammirare, perché nei programmi le donne e le loro opere sono quasi assenti, e avere la consapevolezza della loro esclusione dal discorso filosofico e storico e la conoscenza delle ragioni di questa esclusione. Per esempio, non farle emozionare di fronte al *Contratto sociale* di Rousseau, spiegando loro che quel contratto non le riguardava, non erano previste come contraenti. Insomma, è necessario ridare alle ragazze la possibilità dello spirito critico per non farne delle ripetitrici acritiche di ragioni e storie loro estranee o addirittura ostili.

È necessario lavorare al loro amor proprio, alla loro dignità, alla coscienza della loro forza.

Aggiungo anche che le ragazze hanno bisogno di conoscere la storia di come siamo riuscite a uscire da questo nulla in cui eravamo prigioniere, per poter essere grate alle donne che le hanno precedute, perché non c'è mai autentica crescita senza gratitudine. Chiedo scusa a tutte e tutti quelle insegnanti che già sono impegnate in questo... Ma siete così poche!

Vede Ministra, questo che sto per dire penso che lo sentirà anche in sé, c'è qualcosa ormai di irriducibile nel cuore di ogni donna, un profondo cambiamento, un desiderio di cercare la propria felicità e la voglia di fare pace con se stesse. È quella che io chiamo la terza ondata del femminismo. Si tratta di un femminismo diffuso, che sta un po' nel cuore di tutte. La prima ondata è stata quella della lotta per i diritti, la seconda quella in cui abbiamo lottato *per non essere* come ci volevano, adesso le donne lottano *per essere* quello che vogliono da loro stesse e dal mondo e cominciano a non fare più sconti a nessuno.

Quando si dice che le donne non fanno più figli e si annoverano tante ragioni sacrosante e vere, la mancanza di servizi, l'impossibilità di conciliare il tempo del lavoro con il tempo della famiglia, l'incertezza economica, non si nomina mai un'altra ragione molto importante, e cioè che il paradigma "Io Tarzan, tu Jane" non funziona più. Sì, gli uomini dovranno cambiare, compito di tutti, altrimenti di una società ne faremo presto due con limitati scambi reciproci.

Cara Ministra, le donne della terza ondata sono quelle che non si chiedono più se le donne sono capaci di fare quello che fanno gli uomini, ma sono quelle che cominciano a pensare che lo possono fare meglio. Ne tenga conto. Bisogna tenerne conto per fare una buona politica, quella che anche il suo partito chiama politica femminista. Chissà se intendiamo la stessa cosa. Comunque, tra il dire e il fare… staremo a vedere.

Buon lavoro, con simpatia e auguri

La lettera non ebbe risposta.

I figli non si pagano[*]

"I figli non si pagano", immagino che ve la ricordiate tutte questa frase. È la frase che, nella commedia scritta dal grande Eduardo De Filippo, Filumena Marturano rivolge a Domenico Soriano ridandogli indietro il denaro che una notte aveva ricevuto da lui per una sua "prestazione". Filumena e Domenico adesso convivono ma anni prima Filumena lavorava in un bordello dove Domenico andava spesso per festeggiare l'esito di qualche buon affare o per stare in allegria con gli amici.

A quella frase Filumena ne aggiunge subito un'altra e dice: "Io quella sera ti ho voluto bene veramente". È la spiegazione che lei dà per questa restituzione, sono anni che conserva quel denaro. La cosa interessante per noi è che i soldi vengono ridati come se il bene, l'aver voluto bene, abbia il potere di cancellare, di vanificare il contratto. Là dove c'è il bene, Eduardo ci dice, i contratti perdono valore, non valgono più. Con quella frase di Filumena entriamo nella dimensione affettiva e abbandoniamo il mondo del commercio, della compravendita, della contrattazione, dei diritti, perché il bene è al di so-

[*] Confronto sulla maternità surrogata organizzato dal Comune di Roma, Aula Consiliare, per la Giornata mondiale contro la violenza, 25 novembre 2019.

pra di tutto questo e viene prima di tutto, è da lì infatti che tutti noi prendiamo senso.

Filumena Marturano è un capolavoro centrato sull'amore della madre, amore che ha il potere di superare l'idea di giustizia e di verità per entrare in una dimensione superiore.

Tutti sappiamo che sono guai se l'amore della madre manca, la vita sarà molto dura per chi non l'ha ricevuto. E l'amore della madre non è così scontato come ci raccontano, lei ci può accogliere a braccia aperte o con la faccia girata dall'altra parte. Per questo io penso che sia disgraziato, alla lettera senza grazia, colui o colei che nasce senza il suo desiderio.

L'accoglienza è molto importante. Ma l'accoglienza non comincia quando veniamo al mondo, quando ci tirano "fuori", quando gli altri ci fanno festa. L'accoglienza comincia prima, comincia da subito, comincia da "dentro". Di questo "dentro" però se ne sa molto poco, perché le donne non lo hanno mai veramente raccontato. C'è stato molto pudore per una ragione fondamentale, perché questo "dentro" è troppo distante da quello che la società e la cultura a cui apparteniamo si aspetta e prescrive a una donna in attesa di un bambino, così la verità diventa difficilmente dicibile.

Comunemente si dice "dolce attesa", così si vuole immaginare una futura madre: tutta immersa nel tepore di un'attesa serena. Per lei sono prescritte felicità e serenità. Le donne hanno raccontato molto raramente questa esperienza e le poche che l'hanno fatto non sono state troppo credute.

Un corpo che si fa due è un campo di battaglia. Il tempo della gravidanza è tempo insieme di felicità e terrore, di benedizioni e di maledizioni, di voglia di accogliere e voglia di fuggire, di bei sogni e brutti sogni, di desideri e pentimenti e di tante lacrime segrete. Un corpo che si fa due, si fa due per sempre, è un'esperienza violenta, fortissima. Se c'è una differenza tra le donne è quella di essere passate attraverso quest'esperienza o no, ma c'è da dire che, poiché tutte le donne sono potenzialmente madri, la distanza può essere stemperata.

Invece è proprio questa esperienza che segna la differenza delle donne dagli uomini, differenza incolmabile.

Agli uomini questa esperienza non è stata concessa dalla natura, sentire crescere un corpo dentro di sé, diventare carnalmente due. Considero questa esperienza un grande privilegio, che mi fa felice di essere nata donna, anche se questo privilegio, nel corso della storia, noi donne l'abbiamo pagato assai duramente. Infatti, in una società patriarcale, in cui uno dei principi ordinatori è la violenza, gli uomini hanno potuto vivere nell'illusione di poter possedere quei corpi capaci di tanta meraviglia e di tanta ricchezza. Ancora oggi molti uomini fantasticano il corpo delle donne come un corpo da possedere. Uscire da questa cultura è un vero e proprio lavoro molto difficile e lento che donne e uomini, in questo scorcio di storia, si trovano a dover fare insieme.

Ma in questo percorso c'è una differenza: noi donne abbiamo poco da perdere e molto da guadagnare, guadagniamo in libertà, ma anche gli uomini guadagnano in libertà se solo lo capissero, perché è decisamente più libera una società senza serve né servi. Tuttavia questo processo per loro avviene necessariamente attraverso la perdita di quei privilegi, previlegi ritenuti tali, di cui hanno goduto per secoli. Per gli uomini, quindi, è più difficile questa libertà, per alcuni addirittura è talmente insopportabile da arrivare a uccidere. Quella violenza di cui purtroppo leggiamo spesso sui giornali, sappiamo che non è un segno di amore né di troppo amore, come viene spesso detto, sappiamo anche che non è né un segno di follia né un gesto di un mostro, si fa presto a dare la colpa ai mostri. No, quella violenza, che abbiamo chiamato femminicidio, è un tentativo estremo di ristabilire un ordine ormai perduto. Sapere con chiarezza di cosa si tratta è importante per venire a capo di questo terribile fenomeno. Per noi donne poi è importante per imparare a calcolare i rischi, per imparare a dire di no in tempo.

Tornando alla gravidanza, che è il nostro tema, mi dico: forse proprio perché noi donne abbiamo raccontato poco quel campo di battaglia che riguarda testa e cuore e corpo tutto, fino alla più piccola venuzza, che si è potuto immaginare, pensare il tempo della gravidanza come un vuoto, una sospensione quasi fisica, isolabile nel tempo perché apparentemente ha un principio e una fine. "Nel buio del grembo materno..." dice Eschilo, e proprio per quel buio Eschilo cancella il valore della madre e inaugura così il tempo del padre che ancora resiste nella nostra cultura. Mi dico che si sia dovuto pensare proprio così per accettare l'idea che un corpo di donna, in forza di un contratto, possa ospitare e dare vita a un ovulo fecondato di estranei o possa accogliere lo sperma di uno sconosciuto e farsi crescere dentro un bambino e poi tirarlo fuori e, se è fortunata, dimenticarlo, perché dimenticare sarebbe la cosa migliore.

Cosa si chiede a una donna che si presta a questa pratica? Si chiede di essere un docile contenitore, si chiede di non pensare, di non immaginare, si chiede di tenere l'anima ben fuori dal suo corpo, di non immaginare quel bambino che la occupa e la consuma e che non sarà mai suo. A cosa deve pensare, a cosa può pensare una donna che sta portando a termine una gravidanza per altri? Forse resterebbe utile il semplice consiglio che la vecchia prostituta dà alla giovane: "Pensa di essere un'altra, pensa che non sei tu". È un invito a una schizofrenia amichevole, un gioco assai pericoloso. Oppure può pensare ai soldi che riceverà per questo suo "lavoro". A una pratica simile, infatti ci si presta per bisogno, per assoluta necessità.

Non riesco a vedere libertà in una pratica del genere. Il lavoro che non permette di pensare è quello che abbiamo sempre considerato "lavoro alienato", "lavoro alienante", il più terribile sfruttamento, un esproprio della dignità della persona. Questo abbiamo pensato per il lavoro in fabbrica, per l'operaio alla catena che non deve pensare ma solo eseguire.

Mi chiedo perché non si riconosce nella gravidanza per altri lo sfruttamento, la perdita di dignità, perché per questa donna, che si trova ad affrontare un'esperienza così espropriante, non si provi la stessa pena che io ragazza borghese cattolica provavo verso le ingiustizie, le condizioni disuguali, la miseria, il lavoro disumano dei corpi, quella pena che mi hai fatto diventare comunista. Sì, a farmi diventare comunista è stata soprattutto quella pena, non tanto il pensiero della giustizia sociale. Perché non si prova pena per lei, che fabbrica un figlio che non sarà suo? Che le sarà sottratto appena nato, che molto probabilmente non rivedrà più, un figlio, perché tale è chi esce piangendo dal corpo di una donna, che l'ha occupata per nove mesi nel vuoto del pensiero e dell'immaginazione. Perché per lei non si prova pena? Forse sono i soldi che riceverà che la salveranno? Che ci salveranno? Sono quei soldi che ci dovrebbero mettere tranquille? Pensando che lei sarà contenta? Ma anche alcuni di quegli operai alla catena, consumati da un lavoro ripetitivo e pesante che sciupa corpo e anima, a cui è difficile trovare un senso, avranno benedetto quel lavoro che permetteva la sopravvivenza alle loro famiglie. Così quando mi assicurano che la gravidanza per altri è un lavoro come un altro, regolato da un contratto, e mi raccontano la felicità di tutti quelli che partecipano all'evento, non mi libero dalla necessità di lottare perché questo non succeda più, perché nessuna donna debba mettere l'anima a tacere e farsi vuoto, farsi macchina, farsi contenitore, scatola, recipiente. Ed è così che la pena si fa politica.

Mi chiedo come mai persone a cui sta tanto a cuore la giustizia sociale si facciano "liberisti" solo con il corpo delle donne. Quel corpo, sì, si può vendere, affittare, dare in comodato d'uso, prestare. Ricordiamoci che intorno a questo lavoro c'è un giro di miliardi, perché il mondo del malaffare, la mafia, chiamatela come volete, al momento sta calcolando se conviene di più mettere una ragazza nel giro della prostituzione o in quello della gestazione. Questo è il calcolo: cosa è più conveniente? Cosa fa più soldi?

Per chiudere voglio proporre una visione. Vi ricordate le balie da latte? Erano giovani donne che lasciavano i loro piccoli per dare il latte ai figli dei signori. Oggi non esistono più, oggi questa pratica, diciamocelo, in un certo senso ci ripugna perché la coscienza sociale è indubbiamente maturata. A regolare quel rapporto anche lì c'era un contratto. Oltre lo stipendio, la balia doveva ricevere ogni anno un pezzo d'oro o di corallo e il suo guardaroba doveva essere rinnovato. Si doveva rinnovare la sua gonna, che doveva essere di flanella d'inverno e di cotone d'estate, questa gonna doveva misurare esattamente sette metri. Con questa stoffa la balia garantiva ai suoi piccoli di che vestirsi. È molto interessante il contratto del baliatico, ma che effetto fa oggi ai nostri occhi?

E adesso una visione distopica. La gravidanza per altri converrebbe proprio a noi donne, a noi donne in carriera e benestanti, non a tutte, sia chiaro, noi donne che abbiamo poco tempo, che dobbiamo muoverci molto e viaggiare spesso. Immaginate la scena. La donna della nostra visione è una manager o una notaia o un'avvocata, magari un'economista, che non vuole rinunciare ad avere una famiglia. La intercettiamo al rientro dal lavoro la sera e, come ha lasciato i suoi bambini nelle mani di una tata fidata, ha lasciato anche il suo ovulo fecondato nella pancia di una giovane ragazza che anche lei è lì ad accoglierla. La donna le si rivolge con affetto e ai suoi figli potrebbe dire: "Vedete, bambini, nella pancia di Maria sta crescendo il vostro fratellino". I bambini sono felici, forse anche loro sono stati dentro Maria, chissà. Tutti nella scena sorridono. Questo potrebbe succedere in un mondo dove ancora esistono serve e servi. Ma è questo il mondo che vogliamo?

Non è con un contratto che spariranno serve e servi – questo l'abbiamo capito – ma con una rivoluzione, non di quelle facili e cruente che servono a sostituire una classe sociale a un'altra, ma una difficile e lenta che ha lo scopo di cambiare una civiltà. Per me è la rivoluzione femminista. Chissà quante generazioni saranno necessarie per portarla a termine e quanta fatica per renderla inesorabile.

Un luogo oscuro
Lettera a un'amica

Mia cara,

ho un'amica che vive a San Francisco e che fa un lavoro veramente speciale: ricomporre i conflitti. Lo fa nelle grandi aziende. Lavora con Apple, con la Levi Strauss, con Google, insomma le grandissime. Là dove c'è un conflitto, che sia in un consiglio di amministrazione o tra un dirigente e il suo team, la chiamano per risolverlo. Ci riesce quasi sempre, è molto brava, si chiama Isabella Conti. Ha scritto un libro su autorità e potere, ben sapendo che proprio lì sta la radice di ogni conflitto, nel loro intreccio complesso. Quasi sempre dipana quei fili e tesse armonia, quasi sempre. Ma c'è un luogo oscuro, così lei lo chiama, un luogo che resiste, dove non sa mettere le mani e per questo mi telefona dall'altro capo del mondo: il luogo oscuro è il conflitto tra donne. Lunghissime telefonate che delle volte non bastano. Per due volte mi sono vista recapitare un biglietto aereo per San Francisco business class. Una volta là, Isabella mi chiude nel suo studio, nella sua bellissima casa davanti alla baia, e parliamo per ore e ore, si fa raccontare quello che so, dal momento che dice: "Hai passato tutta la vita tra le donne, tutta la vita ad ascoltarle". Nel conflitto tra donne c'è qualcosa di più del narcisismo ferito, della voglia di sopraffazione, della voglia di vincere, qualcosa di più di un regolamento di conti, dice. Ma che cos'è? Invidia e rivalità sono sentimenti talmente propri dell'animo umano che non hanno alcun mistero, là invece il mistero c'è; dunque, appartiene più alla storia che alla natura umana, deve avere a che fare con un dolore profondo, un dolore antico. Da dove viene questo dolore? Perché non si cancella, non si dimentica? Come rimediare, come consolare, come uscirne?

Di fronte al conflitto tra donne, di fronte ai conflitti con le mie simili, mi sono ritrovata spesso a pensare che noi donne più che imparare ad andare d'accordo dobbiamo imparare ad andare in disaccordo. Sarebbe un passo avanti, le dico.

E parliamo, parliamo... Cercando di annullare l'immensa distanza geografica che le nostre scelte di vita hanno messo tra noi. Ma se è lo spazio che ci fa lontane, a legarci è il tempo – Isabella è stata mia compagna di liceo – e la stima e l'affetto.

2020

Arriva il coronavirus. È pandemia. Chi se lo aspettava? Le persone della mia generazione si erano appena congratulate con la sorte: che fortuna vivere nella pace più lunga della storia. E invece, ogni giorno abbiamo contato i morti.

Che 8 marzo! Proprio quel giorno ci dicono che tutti non dobbiamo uscire di casa se non per estrema necessità. Niente mimose.

Il presidente del Consiglio Conte, un garbato sconosciuto, fa abbastanza bene la sua parte, riesce a essere una presenza in qualche modo rassicurante. Ci parla spesso a reti unificate interrompendo le trasmissioni televisive, ci riempie di raccomandazioni e ci racconta come vanno le cose in casa e in Europa. In Europa riesce ad assicurare all'Italia una bella fetta di denaro che sarà gestita da un progetto a cui è stato dato nome di recovery plan. *Arriveranno in futuro una montagna di soldi. Una bella notizia che però non fa allegria.*

Le scuole sono chiuse, i bambini a casa, i ragazzi a casa. I più fortunati fanno scuola a distanza, ma non è una buona esperienza, anzi, piuttosto malinconica. Si rimpiange la scuola! Chi l'avrebbe detto.

Sono i giorni dello stupore. La città è vuota. Il cielo è più azzurro che mai, l'aria limpida, pulita, facile da respirare. Il grande silenzio fa somigliare il giorno alla notte. In cielo nessun aereo. In certi momenti non si sa se si è felici da morire o morti di paura.

La socialità si svolge sui balconi, beato chi ce l'ha. Ci si saluta tra vicini, magari per la prima volta. Sui balconi si applaude a chi sta in prima linea negli ospedali, si canta, si propongono a tutto volume playlist patriottiche e consolatorie, un po' sentimentali e un po' spavalde. Immancabile Bella ciao, *ma anche* Nostalgia canaglia, Resistiré, Felicità *e poi, nella confusione di intenti,* El pueblo unido jamás será vencido *e perfino* Bandiera rossa *e l'*Internazionale.

Le donne a casa. Finalmente qualcuno le ha rimandate a casa! E lì sperimentano la convivenza 24 ore su 24; bene con i buoni mariti, quelli che "aiutano" – non è che fanno la loro parte, sia chiaro, aiutano – male con i cattivi mariti, quelli che non fanno niente o, peggio, picchiano, maltrattano. Le donne curano vecchi e bambini, rassicurano, distraggono come possono. Le più fortunate lavorano a distanza, lavoro che si scopre molto più faticoso di quello in presenza, anche se lo fai seduta al tavolo della tua cucina, certo c'è da tenere a bada i bambini. Alla fine, molto si fa di notte, quando tutti in casa dormono, allora lei "approfitta", si dice così, no? Approfitta.

Per tutto questo si dice che la pandemia colpisce più duramente le donne che gli uomini ed è indubbiamente vero. Ma le donne sono immensamente forti, molto resistenti, molto pazienti, molto ubbidienti e sanno amare e quindi per lo più ce la fanno. Forza, resistenza, pazienza, ubbidienza e amorevolezza sembrano pregi ma chi vuole veramente bene alle donne sa che possono essere tragici difetti. La storia sarebbe stata altra se le donne non fossero state così "difettose".

C'è chi pensa che questa terribile pandemia possa essere una grande occasione per un cambio di civiltà. Questo confronto stretto con la paura di morire potrebbe essere la porta stretta per un mondo migliore. È la fragilità la grande e ultima verità sulla condizione umana, le donne l'hanno sempre saputo per esperienza. Siamo tutti fragili e bisognosi di attenzione, cura e amore. La civiltà della cura appare come una necessità. Forse riusciremo a darci il cambio? Tramonta la civiltà della forza e sorge quella della cura e dell'attenzione? Anche il pianeta reclamerebbe questo cambio. Ma non illudiamoci, questo cambio non ci sarà, lo dicono i programmi economici, le scelte economiche, le prospettive e l'incoscienza della nostra classe politica, insignificante e ormai troppo simile a una classe differenziale. Saranno ancora briciole per i servizi, per la sanità, per la scuola.

Ci provano alcuni gruppi di donne e chiedono il 50 per cento di questo recovery plan. Ma da dove lo chiedono? Che forza hanno? In politica non si chiede a mani vuote. Si deve pesare per ottenere quello che vuoi. Che peso hanno? Nessuno. In Italia adesso c'è un femminismo diffuso, anzi adesso si dice che ci sono tanti femminismi. Tutte femministe ma tanti femminismi. Un'infinità di piccoli gruppi, spesso pieni di talenti, ma che lavorano ognuno per conto proprio, spesso rivali, spesso uno contro l'altro. Fatto sta che le donne non hanno nessun potere, nessun credito, nessun peso. La verità è che non le sente nessuno e nessuna ha voglia di farsi sentire veramente. Stiamo toccando il punto più basso della nostra storia politica.

Come tornare Movimento?

"Insieme possiamo" chiude questo libro. È il progetto più ottimista e più pessimista che abbia mai pensato. Il messaggio di fondo è qualcosa che ognuna di noi sa ma che di tanto in tanto vorrebbe dimenticare. Se le donne vogliono qualcosa, devono farlo da sole, devono dimenticarsi di possibili alleati fuori o dentro della politica. L'unico insieme che pos-

siamo fare è tra di noi. L'unica forza non può essere che la nostra forza. Tornare a essere la società delle estranee, come raccomandava Virginia Woolf. Tornare estranee per cambiare il mondo? La novità è che palesemente rinuncio alle "donne politiche", alle donne del Parlamento, alle donne dei partiti, ho perso ogni speranza. Mi rivolgo alle donne della vita quotidiana, alle combattenti del giorno per giorno, a quelle donne che non volevano tornare a casa quel 13 febbraio. È un progetto che ha entusiasmato tante donne. Si vedrà.

Adda passà 'a nuttata.

Il femminismo delle esperte non basta: ora serve un grande movimento di donne*

Adesso che si cercano soldi per far fronte alla più grande crisi economica che il mondo ricordi e che ci travolgerà, su questo siamo tutti d'accordo, si parla convulsamente di miliardi. Se gli uomini rinunciassero a uno dei loro vizi più antichi, ne potremmo trovarne un bel po', in casa, senza allontanarci troppo. Sapete quanto costa alla comunità la violenza degli uomini contro le donne? Costa 17 miliardi in un anno. È una stima del 2013, ora costerà molto di più.

Ma non voglio parlare di violenza, voglio parlare di miliardi. Da quando si parla di miliardi, quelli che dovrebbero arrivare dall'Europa per salvarci, le donne non contano più niente. Nessuno pensa di chiamarle ai tavoli dove si prendono decisioni. Ancora una volta gli uomini vogliono decidere da soli, per conto loro e per conto di tutti, come hanno sempre fatto. Le donne: utili ma non necessarie.

Svegliamoci dall'incantesimo, inutile aspettare il bacio del principe che non arriverà mai.

"Ricostruzione" oggi è la parola corrente della politica, ma adesso non si tratta di ricostruire, si tratta di *co-*

---

* *La 27esima ora*, *Corriere della Sera*, 20 luglio 2020.

struire un mondo diverso. Se oggi ormai stimiamo in anni l'acqua bevibile e l'aria respirabile, si deve cambiare registro in fretta. Il mondo dove pochi sono ricchissimi e molti sono poverissimi va a morte certa.

Nel corso della storia hanno operato due civiltà, una manifesta, quella degli uomini, l'altra più segreta, quella delle donne. I princìpi di quella degli uomini sono quelli che ancora oggi fanno ordine: forza, potere, denaro. Quelli delle donne sono stati cura, attenzione e compassione. Senza questi ultimi l'avventura dell'umanità sul pianeta sarebbe già conclusa da un pezzo. È ora di darsi il cambio.

In Italia, da Nord a Sud, lavorano migliaia di gruppi di donne, realtà molto attive, ma separate, spesso nemiche tra loro. Siamo nella fase del "femminismo delle esperte", che produce oro prezioso in sapere e conoscenza ma nessuna forza politica. In questo momento siamo debolissime. Se non facciamo nulla questa crisi ci rimanderà tutte a casa. Il disastro più grande sarà per noi.

Dobbiamo tornare a essere Movimento, costruire una grande forza di donne visibile, tanto grande che produca sorpresa, stupore e anche spavento. È un'impresa difficile, ma è l'unica mossa politica se vogliamo ridisegnare un Paese che ci somigli.

È sul capitale umano che vogliamo investire i miliardi che arriveranno, su chi ci ha permesso di sopravvivere in questi mesi bui, sugli uomini e le donne che ogni notte hanno portato via i rifiuti, sui ragazzi del supermercato, su chi ci ha portato la spesa a casa, sui medici, gli infermieri, gli insegnanti che aprivano le loro chat dicendo: "Buongiorno, bambini" come se niente fosse. Erano tutti più donne che uomini. Quanto guadagnano? Una miseria. Non vogliamo più che esistano "gli ultimi".

Metterci insieme oggi è un gesto rivoluzionario. Lasciamo da parte ciò che ci separa, avremo tempo di darci battaglia, e troviamo un tema che ci unisca tutte. Questa è l'urgenza. Tutte insieme non ci hanno mai visto.

Il lavoro delle donne è un buon tema proprio nel momento in cui lo si deve difendere, o proprio perché lo si è perso, o perché lo si cerca, quello pagato e quello non pagato.

I numeri del lavoro delle donne fanno paura. Il tasso di occupazione femminile in Italia è il più basso d'Europa. Migliaia sono le donne che abbandonano il lavoro al primo figlio perché non esistono servizi. I bonus sono solo elemosina. Sono settantacinque anni che ci prendono in giro sulla parità salariale. Per lo stesso lavoro ancora oggi una donna guadagna meno di un uomo, non perché il suo lavoro valga meno, ma solo perché è una donna.

Ormai ci è chiaro che la povertà delle donne non è frutto di casualità o di un destino "naturale", come ci vogliono far credere, ma è il risultato di una precisa strategia. In questa nostra società, ancora ordinata da paradigmi patriarcali, serve più una donna povera che una donna ricca, è più utile.

Nessuno ha mai difeso veramente il lavoro delle donne, né i partiti, né i sindacati. Il lavoro delle donne è stato sempre considerato aggiuntivo. Saremo sole in questa battaglia? Se sindacalisti e politici ci vorranno affiancare ben vengano, ma a casa nostra.

È importante che il femminismo si assuma questo tema in questo momento, è un tema allo stesso tempo materiale e profondamente simbolico.

Proponiamo una grande manifestazione nazionale nel mese di ottobre, grande perché è importante contarci, e allo stesso tempo prepariamo un programma di governo concreto.[1]

Dobbiamo trovare la forza di metterci insieme, oggi e non domani, altrimenti manderanno tutte a casa e ci racconteranno che è da sempre il nostro destino.

---

[1] La manifestazione non si farà, a ottobre siamo ancora sotto la minaccia del covid.

Insieme possiamo

Progetto per una società di mutuo soccorso di donne per uscire dalla piccola immaginazione

A lungo ho cercato il tono per dire quello che mi passa nella mente. Avrei potuto scegliere il tono ad alta voce dell'invettiva politica o quello leggero da commedia, capace di strappare una risata qua e là. Ne sarei stata capace. Poi ho pensato che il tono pacato del corpo a corpo, della confidenza estrema di una lettera sarebbe stata la scelta migliore in questo tempo difficile. Così...

Care donne, ci sono momenti nella storia in cui è necessario chiamarci semplicemente così, donne, spogliarci di ogni possibile divisione, ricche, povere, giovani, vecchie, istruite e non, bianche, nere, gialle.

Siamo state quella parte di umanità che è stata oggetto della più persistente e potente discriminazione della storia. A lungo siamo state considerate esseri subumani, anche dai grandi pensatori, e per questo siamo state escluse da tutto, e ciò che facevamo per amore è stato considerato e convertito in servitù.

Come l'angelo della storia di cui parla Benjamin, che è portato avanti dal vento e non può fermarsi, ma che ha lo sguardo rivolto indietro a guardare le catastrofi della storia, così noi donne un giorno, continuando ad andare, abbiamo avuto la forza di voltarci indietro per guardare quello che a lungo non abbiamo voluto guardare: il dolore della nostra storia, le enormi umiliazioni, le offese, la violenza sui corpi e sulle menti per secoli e secoli. Ma è proprio quel voltarsi indietro che vale la nostra libertà, finalmente poter dare una prospettiva storica al dolore e a quella speciale e strana infelicità che tutte noi donne portiamo nel cuore segretamente, che non può più essere interpretata come sfortuna personale, privata, o come disgrazia propria.

Penso che stiamo già vivendo il tempo della libertà, ne corriamo già i rischi. Ma non basta poter studiare, guadagnare, viaggiare, scegliere con chi fare l'amore, per essere libere. Per essere libere è necessario saper vedere, riconoscere e sentirsi addosso tutta la storia delle donne che ci hanno preceduto, e oltre il dolore saperne riconoscere la forza, la loro forza immensa, tenace, silenziosa forza di pazienza, di cura, di attenzione all'esistente. Senza questa coscienza alle spalle è facile spezzarsi, lo sappiamo, contare sulla forza individuale è poca cosa. La rabbia, la rivolta, la trasgressione, la voglia di fuggire più forte di quella di restare, non ci hanno mai portato troppo lontano. È necessaria quindi la coscienza di questa forza e con essa la coscienza della sua potenza che arriva fino a noi.

Siamo vissute per secoli in una cultura che ci ha fatto sentire aggiuntive, necessarie ma non utili, deboli, inessenziali, un ingombro, e il gioco sarebbe ancora quello se lasciassimo fare, ma oggi – e questa è cosa nuova – comincia a darci senso e a mettere radici nella nostra coscienza il pensiero della nostra forza. Ed è proprio da qui, da questo sentimento nuovo che può cominciare la nostra narrazione, da qui cominciamo a raccontare e a raccontarci, cominciamo a pensare e a pensarci.

Abbiamo portato dentro di noi, fatto nascere e crescere l'intera umanità, e per mettere al mondo un Dio hanno avuto bisogno del corpo di una donna. Sì, l'intera umanità ci è passata tra le gambe. E se la ferita di un'arma si cicatrizza, una mancata carezza della madre può farci piangere fino alla morte.

Oggi nel mondo ci sono donne brave, intelligenti, potenti, penso alle scienziate, alle imprenditrici, alle donne impegnate per la pace, per la cura del pianeta, a tutte quelle insegnanti che cercano di raccontare un'altra storia, alle maestre, alle madri che vogliono investire sulla libertà delle figlie, tutte queste donne, anche loro stanno costruendo la nostra libertà.

Ecco, partiamo da qui, da questo senso di libertà profondo, non la libertà del "faccio quello che mi pare", non di quella libertà che se ne frega delle regole, ma di quella libertà che le regole le vuole cambiare. Ci siamo accorte che il mondo è anche la nostra casa e così dobbiamo aggiustare gli spazi per un uso appropriato, per le nostre necessità, per stare più comode e abbandonare finalmente quell'angolo buio dove ci hanno costrette per tanto tempo, raccontandoci, mentendo, che quello era il posto che ci spettava per natura e per volere di Dio.

Vi scrivo a proposito di questa libertà perché oggi è in pericolo, ma questo è già chiaro a tutte. Mi è capitato di scrivere e di dire tante volte che gli uomini sono impreparati alla libertà femminile. Oggi sento che mi devo correggere: non sono impreparati, gli uomini sono proprio contro la libertà delle donne. Se guardiamo alla politica, l'ondata globale che porta le destre al governo sgombra subito il campo dagli equivoci. Appena il potente mette il suo culo sulla poltrona manifesta il suo irrefrenabile desiderio di rimandare le donne a casa, di rimetterle all'angolo per farsi servire, per farsi rendere padre e per farsi amare o odiare, ma che torni finalmente il silenzio, che si smetta con le pretese e al diavolo i diritti. Penso a Bolsonaro in Brasile, penso alla destra spagnola che si sta preparando alla riconquista e penso anche a casa nostra, al disegno di legge Pillon e alla volontà di legalizzare la prostituzione, vista come una vera e propria panacea per una società più sana e più bella, che serpeggia nelle intenzioni di chi ci sta governando. Che panorama!

E la sinistra che dice? Fracassata da lotte intestine narcisistiche, ha fatto le sue scelte e non ha scelto le donne. E questa è la causa principale della sua rovina, dovrebbero capirlo. Basterebbe analizzare il voto delle ultime elezioni politiche: sono in maggioranza voti di donne quelli che sono passati dalla sinistra ai Cinque Stelle e perfino alla Lega, e anche le astensioni sono voti di donne mancati. Gli uomini della sinistra non pensano certo alle donne e le donne della sinistra vorrebbero pensare alle donne ma, paradosso dei paradossi, non pensano "da donne" e ubbidienti, come sempre, a un ordine che immaginano superiore, si ritrovano divise a fare da ancelle all'uno o all'altro dei capi, da cui per altro sono state scelte per essere lì.

Dunque, in questo momento noi donne ci troviamo senza sponde, senza alleati, potrebbe essere una tragedia o potrebbe essere una grandissima occasione. Molto dipende da noi.

La tentazione grande sarebbe quella di non guardare più alla politica dei politici e continuare a fare quella politica nostra che ha prodotto tanto della nostra libertà, il guaio è che la politica dei politici guarda e pensa a noi ed è pronta a rovinarci la vita. Questo è il problema. Inutile negare paure, preoccupazioni e allarmi. La tecnica a casa nostra, almeno per ora, è questa: non fare sparire i diritti acquisiti ma renderli impossibili, inaccessibili, difficili. Ormai l'abbiamo capito.

"Dobbiamo fare qualcosa" è la frase che sento pronunciare sempre più spesso. Ma cosa? C'è chi pensa sia arrivato il momento di fondare un partito di donne. Io non darei la mia ghinea per un partito di donne. La forma partito è usurata e la sua rovina è andata ben al di là di quello che pensava Simone Weil. Lei diceva che un partito inevitabilmente perde presto di vista il bene pubblico per rivolgere attenzione e sforzi a difendere e a far crescere se stesso. Questo le bastava per condannare senza appello questo dispositivo, chissà cosa penserebbe adesso nel vedere che i partiti non solo non lavorano al bene pubblico, ma hanno anche smesso di lavorare per se stessi e sono diventati luoghi dove si incontrano e si scontrano gruppi di interessi mescolati a gruppi d'affari, mescolati a vanità personali.

E le donne dei partiti? Ne ho già lamentato la perdita e chi mi conosce sa il mio grande rammarico. Buona parte della mia pratica femminista l'ho impegnata nell'idea di trasferire l'energia e la creatività del femminismo nei luoghi della politica istituzionale. Ho sempre incoraggiato le donne che ne avevano il desiderio a partecipare attivamente alla vita di un partito e a farsi candidare. Tante sono andate e io sempre aspettando una voce, una parola coraggiosa, gesti riconoscibili che però non sono mai arrivati. Le poche femministe che sono riuscite a entrate in Parlamento si sono subito perse, evidentemente catturate da meccanismi più forti di loro, da logiche estranee. Di questo devo tener conto, ce ne dobbiamo fare una ragione. Ho ascoltato tanti racconti di femministe impegnate in politica sulle loro difficoltà, sulla fatica immensa, sulle frustrazioni, sulla solitudine, sulla loro voglia di mollare, sui loro sogni di stare altrove. Di tutto questo ho un profondo rispetto.

Ma oggi che è necessario veramente fare qualcosa a fronte di questa pericolosa deriva che mette a repentaglio i modi e le forme della nostra vita, il nostro compito non è solo ascoltare ma anche fissare tutta la nostra attenzione per cercare di capire cosa ci vuole dire la reticenza femminile al potere, cosa ci vuole dire il non desiderio di leadership. Da tempo lavoriamo su questo, ma adesso ci dobbiamo lavorare con più intensità perché ci troviamo in uno stato di assoluta necessità, perché proprio oggi non possiamo e non dobbiamo più rinunciare a governare la casa comune, i beni comuni.

Adesso quindi c'è urgenza di fare qualcosa, ma cosa?

Abbiamo un grande bisogno di una prova di forza, non tanto e non solo agli occhi di chi ci guarda ma soprattutto a nostri stessi occhi, per uscire dal racconto della nostra debolezza, del nostro poco valore, e per smettere quella strana nostra attitudine a rimpicciolirci. Ricordo una bellissima frase di Alda Merini: "Dovrò chiedere scusa a me stessa per non essermi creduta abbastanza". Sì, dobbiamo imparare a perdonarci, ma che il perdono non sia la fine di un percorso, ma l'inizio. Stiamo vivendo un tempo di grande infelicità pubblica che sta infettando la vita di tutti, anche noi donne ne siamo responsabili, per quello che ancora non abbiamo saputo fare.

Pensiamo alla presenza delle donne nella società, nell'amministrazione pubblica lavorano soprattutto donne, la scuola, la formazione sta quasi tutta nelle mani delle donne, nell'amministrazione della giustizia sono più donne che uomini. Pensiamo anche al fatto che ogni mattina sono soprattutto le donne che fanno la spesa, scegliendo un prodotto piuttosto che un altro. Siamo noi che facciamo il mercato, ci avevamo mai pensato? E i consumi sono il 70 per cento dell'economia. E poi ancora pensiamo ai risparmi delle famiglie italiane che reggono in piedi le banche, che reggono in piedi il Paese, si parla di più di mille miliardi. Sulle spalle di chi si sono fatti questi risparmi? Sono stati fatti sulle spalle delle donne, grazie al loro doppio, se non triplo lavoro. E ancora siamo noi che cresciamo i figli, che organizziamo la socialità della famiglia, che curiamo giovani e vecchi perché ne abbiamo talento.

Siamo di più, votiamo di più, studiamo di più e sappiamo amare meglio. Abbiamo il Paese nelle nostre mani, ce ne dobbiamo rendere conto e svegliarci finalmente da quell'incantesimo in cui ci hanno intrappolato, l'incantesimo dell'essere povere, dell'essere vittime, dell'essere bisognose di tutela.

Se calcoliamo l'immenso valore della nostra opera e quanto di questo valore ci ritorna indietro, ci sarebbe da vergognarsi dell'essere state così a lungo timide, impaurite, moderate, prudenti, accomodanti, così credulone. Se penso alle imprese delle donne, sempre povere, sempre portate avanti con due lire, sempre piccole e modeste, per le quali anche abbiamo chiesto dei fondi e questi fondi quasi sempre sono arrivati metà della metà, e ci sono stati fatti cadere dall'alto, come un'elemosina, una questua fatta in un giorno fortunato, una grazia. Sì, ci dobbiamo vergognare per le case delle donne sempre in pericolo, per le case rifugio delle donne maltrattate che ricevono fondi col contagocce, sempre in ritardo o non li ricevono proprio. Per quei quattro soldi che vengono concessi alle imprese delle donne. Dobbiamo vergognarci per non aver impedito ai tanti e diversi governi di fare economia sui servizi, di tagliare i fondi alla scuola, alla formazione, alla sanità pubblica, alla ricerca e sviluppo. Mi chiederete perché dobbiamo vergognarci noi e non loro, i potenti, i maschi, i viri e i probiviri. Perché questo è il loro gioco a cui anche noi partecipiamo, magari ringraziando delle briciole, il loro terribile gioco di società dove una donna, non merita la storia, se non è morta ammazzata, dove una donna maltrattata magari finisce in Parlamento per diventare una memoria vivente della forza di chi ha la pretesa di comandare con le buone o con le cattive maniere.

A tutto questo dobbiamo dire basta. Le donne non devono essere più povere e devono avere per quanto valgono. Dall'incantesimo non ci risveglia un bacio di un principe ma a farlo è l'amore per la nostra libertà, per la nostra dignità e l'amore per il mondo che sempre ci ha guidato anche nei momenti più bui, che sempre ci ha visto rimboccarci le maniche per ricominciare dopo ogni disastro, dopo ogni guerra, dopo ogni rovina senza ricevere medaglie né riconoscimenti Ricominciare è stata la nostra specialità Ma questo mondo sembra sia arrivato alla fine, alla fine dell'aria pulita, del mare limpido, dell'acqua bevibile. E se non ne assumiamo la responsabilità di governo, non ci saranno più maniche da rimboccare.

La storia è degli uomini. Quella storia che ci insegnano a scuola, che viene chiamata la nostra storia è la loro storia. Sembra la storia di tutti solo perché tutti ne sono stati travolti, ma non c'è stata guerra, non c'è stata pace, non c'è stata scelta di governo o decisione che non sia stata presa da uomini e dai loro fantasmi. Essere state al loro fianco non ha significato mai essere insieme. In queste faccende gli uomini sono stati sempre insieme tra loro, mai con le donne. Hanno sempre fatto e disfatto. Questo, a noi donne, non deve farci sentire innocenti, nessuno è innocente nella storia, noi donne abbiamo la terribile responsabilità del nostro silenzio, della nostra inerzia, della nostra connivenza, anche se, prive della coscienza della nostra forza, non potevamo fare altro. Ma ora che la coscienza della nostra forza si sta radicando dentro di noi, noi donne non siamo più al fianco degli uomini. La nostra forza ci sposta e ci mette una di fronte all'altro. Nel bene e nel male ora cominciamo a guardarci negli occhi, presenti una all'altro. Questo sì è finalmente un essere insieme. E dovremo imparare a essere insieme, a prendere insieme le decisioni che riguardano la vita di tutti. Basta deleghe.

Questo è il momento di progettare un mondo che sia accogliente anche per noi. Tutte noi dobbiamo fare uno sforzo in questa direzione. Fare qualcosa, certo, ma qualcosa che abbia radici profonde nella nostra storia, qualcosa che sappiamo fare veramente.

La cosa che sappiamo fare veramente è stata aiutarci. In tutti i tempi le donne si sono aiutate tra loro, sia nel male dei grandi disastri che fossero carestie o guerre o catastrofi naturali, sia nel bene della quotidianità, lavorando alla sopravvivenza, rendendo possibile la vita giorno per giorno. Se non si fossero aiutate tra loro, le donne non sarebbero certo sopravvissute e con loro non sarebbe sopravvissuta l'umanità intera.

Aiutarci per che cosa? Due sono le cose che dobbiamo fare in questo momento. La prima è difenderci. L'altra è lavorare per una cultura nuova che sappia significare la nostra presenza, che sappia raccontare la nostra esperienza delle cose umane.

Difenderci. Tante donne che hanno letto questo testo man mano che lo scrivevo mi hanno detto di non usare questo verbo che sembra indebolirci e che ci mostra esagerate e paurose. Invece no, è proprio questo il verbo che dobbiamo usare.

In questo momento ci dobbiamo proprio difendere e difendere non solo i diritti che abbiamo conquistato in poco più di cento anni ma anche l'idea di noi stesse che in questi anni è andata cambiando nelle nostre teste, che è la cosa più preziosa, il segno di una rivoluzione da cui non si deve tornare indietro. Difenderci da chi ci vuole povere, da chi ci vuole deboli, da chi ci vuole riportare a casa e farci ritornare di proprietà di qualcuno e al servizio di qualcuno senza merito e senza storia, come è stato per lungo tempo, troppo tempo. Sono troppi i segnali che ci stanno arrivando per non capire che la libertà delle donne per gli uomini è disordine a cui porre rimedio anche con la violenza, se occorre. Quando leggiamo dei femminicidi, e a noi tutte ci trapassa un dolore speciale, dobbiamo renderci conto che questi assassinii non sono fenomeni o accidenti, ma sono la riaffermazione di un ordine, ormai sono così tanti e simili da farci capire che la violenza è un principio ordinatore di questa società e che non ne verremo a capo se non con un cambio di civiltà.

Ecco, un cambio di civiltà, una cultura nostra che sappia raccontare quello che tutti, uomini e donne, siamo veramente. Non siamo dèi, non siamo eroi, siamo degli esseri fragili, bisognosi di amore, di cure e di attenzioni dalla nascita fino alla morte. Questa è la verità. Degli esseri fragili che si trovano a vivere il grande mistero della vita in un pianeta che rotea nello spazio così velocemente che neanche ce ne accorgiamo, che quando lo pensiamo ci vengono i brividi. Noi tutti, uomini e donne, guardiamo il cielo con trepidazione e abbiamo paura di morire.

Adesso abbiamo bisogno di una cultura meno eroica, meno violenta, più radicata nell'esperienza umana del mondo, capace di prevedere, di misurare le forze, di prevedere i danni, di rinunciare alle sfide.

Perché l'idea di progresso, così come l'abbiamo vissuto fino a ora, si è rivelata sinistra e poco rassicurante.

Gli uomini non sono capaci di questo cambiamento, abbandonare il loro grande vizio, il vizio della guerra, il gusto della sfida, il gusto di sentirsi padroni, la passione per il potere. Le donne sì, ne sono capaci. Alle donne non è mai venuto in mente di conquistare il mondo. Quand'ero giovane questo mi sembrava un terribile limite, oggi mi rassicura. Comunque, per cambiare i principi ordinatori della società in cui viviamo, che sono a tutt'oggi la forza, il potere, il denaro, la violenza i tempi saranno lunghi, anzi lunghissimi, non so quante generazioni saranno necessarie per compiere quest'opera. Tuttavia questo cambio noi, per quanto ci riguarda, per quanto ci è possibile, nel piccolo della nostra personale vita, lo possiamo già vivere nelle nostre scelte, nell'educazione che diamo ai nostri figli, nei racconti, nelle amicizie che scegliamo, nel vivere le nostre case.

Se abbiamo la coscienza della nostra forza, se siamo capaci di cambiare, se vogliamo respirare nel mondo aria di casa, dobbiamo trovare il modo di uscire dalla miseria. Siamo povere, l'abbiamo detto, a fronte di quello che diamo, a fronte di quello che siamo, ci tornano indietro briciole. Ma, attenzione, la povertà delle donne non è una casualità sfortunata, è un programma messo in atto da chi ci vuole ubbidienti e sottomesse, contraddistinte sempre dal segno meno, perché il meno di una donna rassicura il più stracciaculo degli uomini. E allora basta, facciamo da noi.

Ecco il progetto che vi propongo, che spero sia solo uno dei tanti possibili.

Le donne in Italia sono 27 milioni, se per cominciare diamo un euro ciascuna creiamo un piccolo fondo a cui attingere per difenderci e per fare di meglio nella storia. Certo è un'inezia, ma non è tanto per la cifra ridicola quanto per mettere in moto un'idea, un atteggiamento nuovo. Questo fondo dovrà crescere con il tempo con tutti i mezzi che sapremo trovare. Costituiamo insieme una società di mutuo soccorso delle donne per arrivare a una ricchissima fondazione. Usciamo una volta per tutte dalla beneficenza e dalla questua. Lo so che è lo Stato che dovrebbe permetterci i nostri progetti, perché siamo cittadine e paghiamo le tasse e lo Stato siamo anche noi, ma non è così. Noi abbiamo la potenza e gli uomini hanno il potere, per questo dobbiamo bypassare, per lo meno per ora, ciò che sarebbe giusto.

Care donne, facciamo da noi. Paghiamoci i migliori avvocati per le nostre difese, perché non vogliamo più vedere una donna sconfitta a causa della sua povertà. Una volta ho visto una ragazza piangere perché aveva perso il lavoro, lavorava in una pizzeria al taglio per pagarsi gli studi. L'ho incontrata, ecco il paradosso, in un master di *empowerment* femminile e il suo pianto mi è rimasto nel cuore. Costituiamo borse di studio, magari per le migliori università del mondo. Diamo il meglio alle nostre ragazze. Vogliamo una casa delle donne in ogni città, in ogni paese? Ce le paghiamo. Vogliamo capire come può essere progettato un nuovo quartiere? Chiamiamo i migliori architetti e urbanisti a cui raccontare come vogliamo vivere e ce lo costruiamo. Vogliamo cambiare la scuola? Confrontiamoci con i migliori pedagogisti del mondo e studiamo le migliori esperienze che già esistono. E facciamo noi le scuole che ci piacciono. Facciamo progetti su progetti, dobbiamo produrre il mondo che vogliamo. Facciamo imprese, belle imprese.

Virginia Woolf, nel suo straordinario *Le tre ghinee*, raccontava che per l'educazione dei fratelli – lei ne nominava uno per tutti e lo chiamava Arthur – era stato istituito, da secoli un fondo ricchissimo a cui tutte le sorelle, volenti o nolenti, avevano contribuito con il sacrificio della loro educazione. Per loro niente scuola, niente università, niente vacanze, niente viaggi per apprezzare l'arte. Calze bucate, una vita modesta e monotona era quanto spettava alle sorelle. Tutto questo è superato, lo sappiamo, oggi le ragazze studiano e viaggiano per il mondo; tuttavia, manca ancora una parte molto importante. Se le ragazze ancora oggi si appassionano a quella meravigliosa frase di Kant, così piena di respiro e di ossigeno, "Il cielo stellato sopra di noi e la legge morale dentro di noi", senza che nessuno spieghi loro che Kant da questa meraviglia escludeva proprio le donne, perché secondo lui erano prive per natura di coscienza morale; se le ragazze ripetono questa frase con entusiasmo senza che nessuno le costringa a misurarsi con la loro esclusione, significa disinnescare il loro spirito critico. Ecco, è proprio lo spirito critico che dobbiamo ridare alle nostre ragazze, è essenziale per la loro libertà, ma soprattutto per quel cambiamento grande di cui sentiamo il bisogno e che vale per tutti. Uso il verbo disinnescare non a caso, perché credo alla potenza esplosiva dello spirito critico femminile. Dobbiamo battere una scuola falsamente neutra, tutta ottocentesca, che ancora ignora e impoverisce le ragazze. Anche a questo servirà il nostro fondo.

Tante grandi cose dovremo fare e, incredibile ma vero, per la costituzione del nostro fondo non impoveriremo nessuno, niente calze bucate.

Investiamo perché si affermi una cultura che venga dalla nostra storia e dalla nostra esperienza della vita. Lo Stato così com'è non penserà mai alle donne, siamo noi donne che dobbiamo ripensare lo Stato e questo sarà per noi un progetto a lungo termine.

Insieme possiamo.

Insieme si può, questo è lo spirito del mutuo soccorso, un tipo società che le donne hanno inventato molto prima che fossero costituite. Raccogliamo l'euro di ogni donna, e che ogni donna si impegni per altre dieci. Le donne sono state sempre generose, adesso è ora di essere generose verso noi stesse. Saremo tutte protagoniste, raccoglieremo il nostro fondo nei mercati, nelle scuole, nelle università, fino anche sui sagrati delle chiese. Dare un euro è un gesto piccolo possibile a tutte, alle più distratte, alle più indaffarate, alle più irraggiungibili. Tutte potranno sentirsi parte di questo grande progetto, se lo vorranno, e già la raccolta sarà azione politica. Ma questo deve essere solo l'inizio.

Tutti vedranno crescere questo nostro tesoro. Abbiamo bisogno di una prova di forza ai nostri occhi ma anche mostrarla a tutti questa forza. E quando in questa nostra società saremo tante, saremo milioni, vedrete che cominceremo a contare e finalmente la nostra potenza diventerà governo, perché non si potrà ignorare una forza così grande.

Certo, questo progetto è solo un tassello di quello che potremmo fare, ma è un cambio di passo, un inizio fuori dalla miseria, fuori dalla piccola immaginazione.

Consegno questa mia proposta alla vostra voglia di cambiare, alla vostra voglia di contare. La consegno alla forza delle donne, alla loro grinta, alla loro voglia di essere allegre.

La discuteremo insieme, progetteremo insieme. Comincia il cammino, teniamoci per mano.

VandAonStage

Alessandra Bocchetti

COSA SIAMO

DISPOSTE A FARE

PER LA NOSTRA LIBERTÀ

2 monologhi

VandA edizioni

VandAonStage
ALESSANDRA BOCCHETTI
ROSSANA ROSSANDA
CHRISTA WOLF
SE LA FELICITÀ...
Per una critica al capitalismo
a partire dall'essere donna
21 marzo 1992
VandA.EDIZIONI

Finito di stampare
nel mese di ottobre 2022
da Creative 3.0 Srl, Reggio Calabria